Ein Frankfurt Buch.

»Mein durch die Natur geschärfter Blick
warf sich wieder auf die Kunstbeschauung,
wozu mir die schönen Frankfurter Sammlungen
an Gemälden die beste Gelegenheit gaben.«

Johann Wolfgang Goethe, Dichtung und Wahrheit

EIN FRANKFURT BUCH.

101 *überraschende Geschichten, erzählt von Susanne Asal*

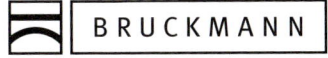 BRUCKMANN

INHALT

Am Römer findet man das historische Frankfurt.

Frankfurt – einleitende Worte

Frankfurt ist seit 2010 Alpha-Weltstadt! Was genau ist damit gemeint? Wichtigster Finanzplatz Kontinentaleuropas, bedeutende Börsen- und Messe-Stadt, wichtigstes Drehkreuz internationaler Verkehrsrouten, Basis vieler international operierender Dienstleister. Ein wahres Gateway to Europe sei diese Stadt. Das hat ihr immerhin eine viel bewunderte Kulisse aus Hochhaus-Giganten eingebracht, für die die bedeutendsten Architekten der Welt gearbeitet haben.

Frankfurt ist seit 600 Jahren eine Messe- und Handelsstadt. Sie unterstand seit dem frühen Mittelalter nur dem Kaiser, führte den Titel Freie Reichsstadt, und es war dem Bürgertum vorbehalten, wichtige Akzente im sozialen Umgang miteinander zu setzen. Das hat eine Art positiven Eigensinn, aber auch Stolz und Freiheitssinn hervorgebracht. Die Abwesenheit von Schlössern kompensieren die vielen schönen Parks: Sie entstanden aus den Sommergärten der wohlhabendsten Frankfurter Familien. Die jüdische Bevölkerung, von 1448–1776 in ein Ghetto gezwungen, aber schon seit dem 12. Jahrhundert hier lebend, setzte glänzende kulturelle und intellektuelle Höhepunkte. Zu den zahlreichen Messen in Frankfurt gehört auch die Buchmesse – seit über 500 Jahren. In Frankfurt wurde und wird um das Stadtbild immer gerungen: Das begann mit dem Häuserkampf gegen Grundstücksspekulation im Westend und setzt sich fort im Protesthagel gegen die Neu-Schaffung einer historisierenden Altstadt. In Frankfurt gibt's ein ganzes Ufer voller bedeutender Museen. In Frankfurt leben und arbeiten aktuell Menschen aus 177 verschiedenen Nationen.

Welche Art von Stadt kann auf diesen Fundamenten entstehen? Es muss eine bunte, liebenswürdige, pulsierende, kulturell herausragende, politisch aufgeschlossene, vielfältige, nicht immer gradlinige, nicht immer schöne, nicht immer einheitliche, sondern eher eine eigensinnige Stadt sein. Frankfurt eben.

Das Frankfurter National-getränk macht sich fein

Die Mienen der Probanden verraten es: An Frankfurts National-getränk scheiden sich die Geister. Ein Wein aus Äpfeln? Das hört sich erst einmal sehr bäurisch an und wenig trendy, passt nicht zu dem coolen Glitzerbild, das die meisten von Frankfurt haben. Und wie die Frucht, so ist der Wein … ziemlich säuerlich, kein Hipster-Drink. In der Tat verrät die Geschichte der Apfelweinherstellung kein Geheimnis: Apfelwein ist ein Arme-Leute-Ersatz für Wein. Trotzdem kommt da nicht irgendetwas rein. Immerhin wurde für ihn im 17. Jahrhundert ein Reinheitsgebot festgeschrieben, an das sich die Apfelweinhersteller bis heute halten müssen.

Apfelwein ist ein Frankfurter Kind, wie die vielen Streuobstwiesen in der Umgebung beweisen. Die Gläser, in denen er ausgeschenkt wird, fassen 0,5 Liter und sind – einzigartig – mit einem eingeritzten Rautenmuster versehen. Sie sehen ein bisschen so aus, als hätten sie dem »Westhafen Tower« am Main als stilistisches Vorbild gedient, denn auch der ist rund und hat eine mit einem Rautenmuster überzogene, gläserne Außenhaut. Die Frankfurter sind sich einig: Er vervollständigt das Skyline-Stadtbild auf nahezu ideale Weise.

Aus zahlreichen Frankfurter Restaurants ist Apfelwein nicht wegzudenken. Selbst in Sterne-Restaurants, wo man ihn wegen seines rustikalen Rufes nicht vermuten würde, wird er gerne serviert.

Und er ist so gemütlich! Was für die Bayern das Hofbräuhaus oder die Biergärten, ist für Frankfurt »Das gemalte Haus« oder der »Wagner«, der »Atschel« oder das »Fichtekränzi«. Den Besucher erwartet ein ehrlicher Ausflugskneipenstil mit knarzigen Kellnern, langen Holzbänken und Tischen, an die man sich quetscht und jeden grüßt. Das ist seit Jahrhunderten Brauch. Und auch wenn die Reaktion auf das Begrüßungsritual erst einmal nicht allzu fröhlich ausfällt, weil die Frankfurter nicht als die herzlichsten Zeitgenossen gelten, sollte man immer Optimist bleiben. Hier redet jeder mit jedem, weil hier alle an einem Tisch versammelt sind: Kind, Opa, Künstlerin, Fußballfan, Student, Dachdecker. Die asiatischen Touristen machen, so weit sie können, meist vorbildlich mit, und zwar nicht nur beim Grüßen, Nicken und Babbeln, sondern auch beim Trinken und Essen. Die urigsten Kneipen liegen in Sachsenhausen und Bornheim, aber auch die Stalburg im Nordend ist ein Tipp.

»Wenn aus dem Keller kühl und frisch,
ein Bembel steht auf jedem Tisch,
wenn Handkäs duftet; es riecht nach Kraut,
froh Geplauder; manchmal laut.
Da – wie könnt es anders sein –
sitzt du vergnügt beim Apfelwein.«

Kurt Spröte, Frankfurt

Apfelwein war lange Zeit keine große Wissenschaft für sich. Ausgeschenkt wird er pur, gespritzt (mit Selterswasser) oder als Süßer, also noch nicht zu Ende vergoren und daher mit nur wenig Alkohol. Der beträgt auch in der ausgereiften Variante nicht mehr als fünf Prozent, was ihn zu einem idealen Sommergetränk macht. Die heiße Variante mit Zitronensaft, Zucker, Zimt und Nelken ist etwas für wirkliche Fans, die hauptsächlich auf Weihnachtsmärkten zu finden sind. Wer ihn trinkt, ist klug, denn er steigt nicht so schnell in den Kopf wie Glühwein.

Wer nun vermutet, so etwas regionaltypisch Bäurisches habe keine Zukunft, der irrt gewaltig. Der Apfelweinkonsum steigt seit 2014 jährlich an; unter den Einsteigern ist die pure Version am beliebtesten. Und allmählich löst er sich von seinem Image als preiswerter, saurer, niedrigalkoholischer Durstlöscher – denn man kann ihn auch richtig fein machen und sortenrein keltern. Wie, das macht der vorbildliche Obsthof Schneider mit den Sorten rote Sternrenette und Ananasrenette vor. Seit 20 Jahren werden dort vorrangig alte, längst vergessene Apfelsorten angebaut, die jeden Granny Smith in den Schatten stellen und so lustige Namen führen wie London Pepping. Die Arbeit erfolgt ausschließlich nach biologischen Richtlinien – die Bäume werden mit Kompost aus dem herausgepressten Trester der Äpfel gedüngt. Drumherum hat sich eine ganze Hofidylle entwickelt mit Ausflügen, Lagenwanderungen, Ernten, Weinverkostungen und Nachmittagskaffee.

Kein Wunder also, dass seit Kurzem auch eine Sektversion auf dem Markt ist: der PomSecco.

───────── ◯ ─────────

> Traditionell wird das Apfelwein-Glas in Frankfurt aus einem Bembel (Krug) gefüllt.

ALTE OPER

Der Stolz der Bürgerschaft

Dynamit-Rudi wollte sie in die Luft sprengen, diese Ruine auf dem Opernplatz. Das war in den 1970er-Jahren. Dynamit-Rudi war Frankfurts Oberbürgermeister Rudi Arndt (SPD), und die Ruine das prunkvoll-wilhelminische Opernhaus, erbaut 1880, in Schutt und Asche gelegt am 23. März 1944, ein Relikt aus längst versunkenen Zeiten und dazu noch stark baufällig. Damit hatte Rudi Arndt seinen Spitznamen weg.

Die Dinge lagen natürlich komplizierter. Die »Städtischen Bühnen« als Zwei-Sparten-Haus mit Oper und Schauspiel waren längst erbaut und hatten ihren Betrieb erfolgreich aufgenommen. Bezüglich Architektur und Programm waren sie zudem ein sprechendes Beispiel für die Moderne. Die städtischen Kulturtempel standen also schon … warum also noch einmal viel Geld in die Hand nehmen, um ein zerstörtes Symbol der Kaiserzeit zu restaurieren? Warum es nicht lieber beseitigen und das Symbolhafte gleich mit dazu? Diese kleine Anekdote zeigt beredt, welchen Tribut die Abkehr vom Gewesenen und die Hinwendung zum Neuen scheinbar forderte.

Dabei war die Alte Oper kein Geschenk irgendeines Fürsten gewesen, kein hohler Repräsentationsort, und Dynamit-Rudi war auch kein Krawallbürger. Die Alte Oper – damals das einzige Opernhaus der Stadt – war aus der Stadtkasse bezahlt worden, und weil steigende und aus dem Ruder laufende Baukosten für Prestigebauten keine Erfindung des 21. Jahrhunderts sind, sondern auch damals gang und gäbe waren, sorgten die Kostensteigerungen um das Zehnfache der veranschlagten Summe bei vielen Frankfurtern für Empörung. Dem Alte-Oper-Gedenkspruch »Dem Wahren Schönen Guten« war schneller als der Wind hinzugefügt worden »und de Bürjerschaft muss blute«.

Für die Wiederauferstehung der – nun so benannten – Alten Oper im Jahr 1981 sorgte denn auch nicht nur politischer Wille, sondern eine »Aktionsgemeinschaft Rettet das Opernhaus Frankfurt e.V.«, die mit einem ordentlichen Spendenpolster unter Federführung des damaligen Deutschen-Bank-Präsidenten Hermann Abs antrat. Es waren schlussendlich die großzügigen Spenden von Frankfurter Bürgern und Unternehmen, die die Wiedereröffnung überhaupt ermöglichten. 15 Millionen Mark kamen damals zusammen und galten als die größte Geldspende für einen Kulturbau überhaupt. Nach wie vor erhält die Alte Oper über ihren Förderverein »Freunde der Alten Oper« Spenden und Zuwendungen.

Als diese schließlich auf dem Opernplatz wieder neu erstrahlte, waren ihre Kompetenzen klar umschrieben: keine Oper und kein Schauspiel, um den Städtischen Bühnen keine Konkurrenz zu liefern. Opern wurden nur als Lieder-Gala oder konzertant aufgeführt, dafür gab es publikumswirksame Musicals, Gastspiele und Konzerte.

Den Programmgestaltern unter dem damaligen Generalintendanten Ulrich Schwab gelang zur Eröffnung ein Supercoup: Sie inszenierten ihn als Titanic! Die Gäste liefen über einen roten Teppich, und Hans Magnus Enzensbergers Werk »Untergang der Titanic« wurde aufgeführt – neben Gustav Mahlers 8. Sinfonie im Großen Saal. Mit dieser selbstironischen Geste hatte die Alte Oper auch ihre Kritiker auf ihre Seite gebracht.

Die Alte Oper schreibt seither eine künstlerische Erfolgsgeschichte, was zum überwiegenden Teil an ihrer hervorragenden Akustik liegt. Frank Zappa dirigierte die Uraufführung seiner Komposition »Yellow Shark« mit dem Ensemble Modern hier im Großen Saal, und neben »Dirty Dancing« haben musikalische Projekte des Architekten Daniel Liebeskind ebenso Platz und Raum wie das Neujahrskonzert, Patti Smith und Gastspiele der besten Dirigenten. Das Publikum ist eine Spur konventioneller als im städtischen Opernhaus und kommt eher aus dem Speckgürtel der reichen Taunusregion. Sicherlich sind die Bars und Foyers des Prachtbaus ein geeigneterer Ort zum Pelzstola-Ausführen als die modernistischen Goldwolken dort. So what: An der Alten Oper gibt es wahrlich nichts zu kritteln.

ANTHROPOSOPHEN

Ein eigenes Dorf in Niederursel

Es ist vielleicht die ungewöhnlichste Allianz in der Bankenstadt. Eine anthroposophische Gemeinschaft lebt und arbeitet seit den 1970er-Jahren im mittelalterlichen Stadtkern von Alt-Niederursel und hat dessen Fachwerkarchitektur so richtig auf Vordermann gebracht.

Dieses Niederursel stand zum damaligen Zeitpunkt halb leer. In den Fachwerkhöfen hatten Bauern gelebt, die im Zuge des Baues der Nordweststadt (s. S. 81) ihre Felder verlegen mussten und somit auch ihren Lebensmittelpunkt. Zunächst war es nur eine kleine Rudolf-Steiner-Initiative, die sich im Laufe der Jahrzehnte aber immer bunter zu entfalten wusste. Die Gruppe, die sich aus ehemaligen Waldorfschülern und -lehrern zusammensetzte, wollte eine neue Lebensform ausprobieren. Die Stadt soll ihr für das wohnungspolitische Experiment sogar den Eschenheimer Turm angeboten haben, doch die Wahl fiel dann doch auf Alt-Niederursel. Gemeinsam restaurierte und sanierte die Gruppe die Häuser; die alte Schmiede ähnelte damals eher einer Ruine als einem Betrieb.

Das Bild des Dorfes heute ist eine einzige winzige Fachwerk-Idylle, durchplätschert von der Ursel und überragt vom Turm der evangelischen Gustav-Adolf-Kirche, die – man ist in Frankfurt – von einem der Päpste der modernen Architektur, Martin Elsässer, aus rohem Beton gegossen wurde. Die anthroposophische Gemeinde hat den »Hof« hervorgebracht, versteht sich als »urbane Begegnungsstätte« und bietet Seminare, Workshops, Familientreffs und kulturelle sowie gesundheitlich orientierte Veranstaltungen an. Ein Café, eine Gaststätte mit vegetarischem Mittagstisch und selbst eine kleine Pension stehen zur Verfügung, dazu ein Naturkostladen und eine Bücherei. Auch ein eigenes Magazin gehört zum Programm.

Eine besondere Sehenswürdigkeit hat Alt-Niederursel überdies, nämlich zwei Rathäuser. Obwohl es einst nicht mehr als ein Stecknadelkopf war, umgeben von einem Meer aus Land, Weiden, Wiesen und Hügeln, durchflossen von der Nidda und der Ursel, zerfiel es trotzdem in zwei Machtsphären. Im Spätmittelalter zur Ritterszeit – denn so weit reicht die Geschichte von Alt-Niederursel zurück – gehörte es den Rittern von Eppstein und den Herren von Solms Rödelheim gleichermaßen, die jeweils ein Rathaus unterhielten. Von Frankfurt war damals noch überhaupt nicht die Rede. Zu Frankfurt geschlagen wurde Niederursel erst im Jahr 1910.

Die beiden Rathäuser gibt es in barocker Fachwerkgestalt immer noch. Und irgendwie passen sie hervorragend zusammen, diese sorgfältig wiederbelebte und individuelle Architektur und Rudolf Steiner.

ARIADNE UND DER PANTHER

Ein eigenes Museum für die Schönheit

Wenn man im grünen Anlagenring (s. S. 101) unterwegs ist, stößt man in der Nähe der Seilerstraße auf einen schön geschwungenen weißen Glaspavillon, der leicht erhöht platziert ist: das Odeon. Heute ist es ein Club, aber zu Beginn des 19. Jahrhunderts war der Pavillon das erste öffentliche Museum der Stadt mit nichts drinnen außer einer wunderschönen, weißen, unbekleideten Dame aus Marmor, die auf einem ebenso marmornen Panther ruhte. Extra für sie wurde dieser Pavillon erbaut. Diese Dame ist Ariadne, im Jahr 1803 geschaffen vom Stuttgarter Marmorbildhauer Johann Heinrich von Dannecker. Sie wurde sein schönstes Werk, schlicht unwiderstehlich mit ihrer makellosen Marmorhaut. Adriadne, die Gattin des Weingottes Dionysos, lagert hier zart und üppig zugleich und eigentlich ganz ruhig und neugierig auf einem recht grimmig dreinblickenden Panther – klar, dass sie ihn beherrscht und nicht umgekehrt.

1810 kaufte der Frankfurter Bankier Simon Moritz von Bethmann die Skulptur. Ihr war zuvor schon der Ruf einer perfekten Schönheit vorausgeeilt. Der Bildhauer Dannecker stand eigentlich im Dienst des Herzogs von Württemberg, doch die Freizügigkeit dieser Arbeit, obgleich sie im Einklang mit den Schönheitsidealen der griechisch-römischen Klassik stand, brachte dem Künstler keine weiteren adeligen Aufträge mehr ein.

Im Jahr 1816 kam Ariadne endlich nach Frankfurt. Bethmann ließ ihr mit dem klassizistischen Odeon-Pavillon besagten würdigen Rahmen bauen. Dass er den Anblick dieser Skulptur verdienstvollerweise teilen wollte, erwies sich als eine großzügige Tat, denn offenbar wollte tout Frankfurt die schöne Ariadne bestaunen. Und so strömte man ins Museum …

Die Dame avancierte zu einer der ersten Werbeträgerinnen der Stadt. Es gab sie aus Marzipan, als kleine Bronzefigur, als Postkartenmotiv, sogar als Patin einer feinen Wurstsorte setzte man sie absatzfördernd ein.

Der Bombenhagel im Zweiten Weltkrieg setzte dieser Karriere ein vorläufiges Ende. Nur Trümmerreste blieben von ihr übrig, der Marmor zerfiel zu Kalkstaub. Dieser wurde aber eingegipst und später so behutsam wie möglich restauriert. Die schöne »Ariadne auf dem Panther« ziert heute das Skulpturenmuseum Liebieghaus.

Fachwerk auf 17 Millionen Kubikmeter Trümmern

Nach Ende des Zweiten Weltkrieges wollte man in Frankfurt auch architekturpolitisch eine Zäsur setzen. Was den Bombardierungen zum Opfer gefallen war, sollte nicht wieder aufgebaut werden. Das betraf auch die komplette Altstadt zwischen Römerberg und Dom, von der nur noch Trümmer geblieben waren.

Vor dem Krieg bestand diese Altstadt aus einem der schönsten, größten, allerdings auch kleinteiligsten Fachwerk-Ensembles Deutschlands. Doch man empfand es als alles andere als den architektonisch glänzenden Höhepunkt des Stadtbildes; vielmehr wurde es als eng, veraltet, unhygienisch und arm wahrgenommen. Prachtvoll waren da ganz andere Gegenden um die Zeil und den Roßmarkt herum.

Was also nach dem Krieg noch unversehrt geblieben war, sollte einem neuen Innenstadtkonzept weichen. Und so fiel der noch stehen gebliebene Rest der Altstadt diesem Konzept zum Opfer. Frankfurt ist die einzige Stadt, in der bei der Neugestaltung nach Kriegsende mehr an Bausubstanz vernichtet wurde als durch die Kriegseinwirkungen selbst. Frischer Wind sollte durch die ehedem engen Gassen wehen und »autogerecht« galt in den 1950er- bis 1960er-Jahren als Motto der Zeit. Es dauerte allerdings eine Weile, bis die Lücken geschlossen, das neue Technische Rathaus und das Historische Museum hochgezogen waren. Doch selbst wenn man dem Fachwerk nicht nachtrauerte, war man vom Neuen nicht automatisch begeistert. Im Gegenteil – insgesamt mussten sich diese neuen Konstruktionen mit noch weniger Gegenliebe begnügen, denn schön waren sie nicht, diese modernistischen, aber doch seelenlosen Bauten.

Eine zweite Zäsur gab es 2007. Das Stadtparlament beschloss die Neugestaltung der Altstadt in einem sogenannten Dom-Römer-Projekt, im Klartext dem Neubau von 36 Häusern als schöpferische Neuinterpretationen des Fachwerkstils. Darüber entbrannten heftige Diskussionen. »Rückwärts gewandte Puppenstuben-Romantik« lautete der noch harmloseste Angriff. Dieser Platz sei den schwersten Zerstörungen während des Zweiten Weltkrieges ausgesetzt gewesen, da könne man doch nicht einfach Fachwerk draufklatschen, urteilten andere Stimmen. Schließlich war schon in den 1980er-Jahren mit der Ostzeil auf dem Römerberg ein Fachwerk-Ensemble entstanden, das zwar das Entzücken ausländischer Touristen hervorruft, aber weder Stadthistoriker noch Architekten richtig befriedigt. Genau gegenüber dem Rathaus Römer platziert, hat es das Ensemble so, wie es da steht, nie gegeben. Architektonische Zitate sind allerdings sinnvoll angewendet worden und das Ergebnis schaut hübsch und dekorativ aus. Das Projekt »Neue Altstadt« beruhte im Gegensatz dazu auf ganz anderen Überlegungen.

Die Vorgaben an die Architekten für die Neugestaltung waren eindeutig: Sie konnten zwischen den verschiedenen Epochen entscheiden, in denen das Fachwerk emblematische Architektur der Stadt war: Gotik, Renaissance oder Klassik. An Spolien, also Originalgebäudeteilen, bestand Mangelware, denn nicht viele waren aus dem Trümmerschutt auf dem Römerberg geborgen worden. Dekorationselemente aus geschmiedetem Eisen allerdings hatten den Krieg überstanden und konnten bei den Neubauten eingesetzt werden.

Alle Häuser sind Energiesparhäuser. Von einer Rekonstruktion lässt sich also im strengen Sinne nicht sprechen, obwohl historisch verbürgte Häuser wie die »Goldene Waage« des bekanntesten Zuckerbäckers der Stadt, »Klein Nürnberg«, und das »Goldene Lämmchen« ihren ursprünglichen Standort wieder eingenommen haben. Für deren treue Rekonstruktion und drei weitere hat die Stadt Geld in die Hand genommen. Alle anderen Grundstücke wurden an

‹ Die romantische Ostzeil gegenüber dem Rathaus mutet historisch an, wurde aber erst in den 1980er-Jahren gebaut.

verschiedene Bauherren verkauft. Und auch wenn hier moderne Architekturentwürfe und Fachwerk eine Allianz eingehen, schillert es doch mitunter mittelalterlich golden und verspielt, auch wenn es nur ein Schriftzug ist.

Frühe Luftaufnahmen zeigen, welch drangvolle Enge in der Altstadt zu Beginn den 20. Jahrhunderts geherrscht hatte. Häuser waren überbaut, Mansarden angefügt worden. Im Grunde entsprach der damalige Aufriss noch dem mittelalterlichen Stadtplan. Und ziemlich mittelalterlich eng ist es nun auch in der neuen Altstadt. Einzig eine Pergola zur Schirn hin überbrückt die unterschiedlichen Ebenen des leicht hügeligen Untergrunds.

Alle dort angebotenen Wohnungen sind verkauft, die Ladenflächen vermietet. Ketten, so heißt es, sollten dort nicht einziehen. Stattdessen habe man versucht, eine feine Auswahl zu treffen und den ursprünglich dort angesiedelten Unternehmen Ladenflächen anzubieten. Bei einer Drogerie scheint es dennoch geklappt zu haben – jetzt will man sich an ein historisches Pflaster wagen.

⑥

Als Arbeiter noch geehrt wurden: der Peter Behrens Bau

Die Arbeiterkathedrale ist gar keine Kathedrale, nur der Volksmund nennt sie so. In den 1920er-Jahren, als schon geklärt war, dass (um mit Marx zu sprechen) Religion Opium für das Volk war, konnte eine Kirche natürlich nicht eine Arbeiterkathedrale sein, aber eine

Arbeitsstätte architektonisch so zu veredeln und zu adeln und damit gleichzeitig den darin werkenden Menschen, das ging schon. Und das ist der Sinngehalt des Wortes bei dieser Arbeiterkathedrale.

Da steht sie nun, eines der wahren und wenigen Wunderwerke der expressionistischen Architektur, auf dem Werksgelände der ehemaligen Hoechst AG, jetzt Industriepark Hoechst. Ursprünglich diente sie als Verwaltungsgebäude der Aktiengesellschaft.

Peter Behrens schuf dieses Meisterwerk, dieses »umbaute Licht«, diesen zu »Stein gewordenen Expressionismus« zwischen 1920 und 1924. Zum ideengeschichtlichen Hintergrund: Peter Behrens war geistiger Vater und Mentor der Bauhaus-Architekten Walter Gropius, Mies van der Rohe und Le Corbusier.

In diesem von ihm entworfenen, lang gestreckten, doppelstöckigen hellen Gebäude ist nichts Industrieware, alles wurde in Handarbeit gefertigt. Die dekorativen Formen beziehen sich auf die Beschaffenheit von Kristall – so z. B. der handbemalte Klinker und die Backsteine, die sich hier dramatisch in die Höhe türmen. Der architektonische Höhepunkt ist ein hoher Lichthof mit drei gläsernen Kuppeln, der seine Formensprache der mittelalterlichen Gotik entnommen hat und in dem eine Bronzeskulptur einen Arbeiter zeigt. Hier ist der Begriff der Arbeiterkathedrale am augenfälligsten verwirklicht. Die starken und kräftig bunten Farbtöne entstammen der gerade in Hoechst hergestellten Palette von Farbpigmenten. Ihr Verlauf – oben hell, unten dunkel – erzielt eine optische Täuschung: Die Halle erscheint einem größer, als sie tatsächlich ist. Und sie ist so expressionistisch, wie sie es nur sein kann.

Nicht nur das Gebäude selbst, auch eine Gebäudebrücke entwickelte sich rasch zum Symbol der Hoechst AG. Turm und gebogene Brücke zierten das bekannte Firmenlogo unverwechselbar bis 1997.

———————— ◯ ————————

Wo das Freie Theater Willy Praml arbeitet

»Auf Naxos« nennt der Theaterregisseur Willy Praml seine Spielstätte als kleine Referenz zur »Ariadne« von Richard Strauss – und hier gehen Theaterkonzept und Spielort eine absolut passende Symbiose ein. Denn »Auf Naxos« meint ein stillgelegtes Fabrikgebäude (und nicht irgendeines), und das Theater Willy Praml ist eines der aufregendsten der Frankfurter freien Theaterszene; eines, das mit seinen Aufführungen stets das Politische und Aktuelle umkreist, das in Klassikern wie Heinrich von Kleists »Erdbeben von Chilli« innewohnt, oder gleich eigene Abende mit klassischen Texten produziert. Vorausgegangen war allerdings eine kleine Odyssee bei der Suche nach einer geeigneten Spielstätte, denn der Frankfurter Kulturetat garantiert nicht jedem freien Ensemble einen solchen Ort.

Was die Theatergruppe bekommen hat, ist eine weite, dreischiffige Halle aus Glas, Stahl und Ziegelsteinen mit Holzboden und einer richtig sakralen Anmutung. Sie entstand in den Anfängen des 20. Jahrhunderts und ist ein Denkmal der Industriekultur, deswegen darf die Architektur auch nicht verändert werden. Ein Glücksfall für die Zuschauer und eine Herausforderung für jeden, der darin arbeitet. Denn Willy Praml muss mit diesem rau-romantischen Industriecharme aus der Jahrhundertwende umgehen; er muss ihn einbeziehen, auch die riesigen Fenster, kann ihn als Guckkastenbühne nutzen, wobei die Zuschauer von oben auf das Geschehen blicken, oder diese selbst in die Halle bitten, wobei das Schauspielgeschehen sich dann wie auf einem Laufsteg vollzieht. Er kann sie verkleinern und vergrößern, alles in einer einzigen Inszenierung, oder einfach klein oder ganz groß lassen. Das wichtigstes Element dabei: die Fantasie. Doch die hat die Truppe von Willy Praml im Überfluss.

Die Naxos Union produzierte in dieser Halle ab Anfang des 20. Jahrhunderts Schleifmittel. 1988 verlegte sie die Produktion; seit 2006 sind Halle und Gelände mit weiteren Backsteinbauten im Besitz der Stadt. Und gleich darauf wurden sie dem Theater Willy Praml und dem Kabarett »Die Käs« zur Verfügung gestellt.

BAHNHOFSVIERTEL

Silbertürme, Kunst, Bordelle, Fashion Tag und Nacht

Den Besucher überfiel ein heiliges Gruseln, dachte er an das Frankfurter Bahnhofsviertel. Frankfurt lebte jahrelang mit dem Ruf, die gefährlichste und kriminellste Metropole Deutschlands zu sein. Drogen, Prostitution, Mafia, Mord und Totschlag … und die Themenauswahl aus dem »Tatort« half da auch nicht viel weiter. Große Bedenken waren zwar vielleicht nicht angebracht, aber doch nachvollziehbar. Denn wenn man in die Kriminalstatistik Frankfurts jedes Zollvergehen am internationalen Flughafen mit einrechnet, dann müssen ganz klar die Zahlen in die Höhe schnellen. Viel höher als in jeder anderen Stadt.

Doch die Zeiten, als Besucher kaum einen Fuß außerhalb des Hauptbahnhofes zu setzen wagten, sind lange vorbei. Die Reaktionen waren sowieso übertrieben, denn welches Viertel einer Stadt hat derart viele Polizisten zur Verfügung wie das Rotlichtviertel? Heute ist es dort richtig schick und wird sogar auf den Reiseseiten der New York Times gelobt.

Das Bahnhofsviertel bezeichnet das Areal zwischen Hauptbahnhof, der Taunusanlage mit Theater und Oper, dem Baseler Platz und dem Güterplatz, der zurzeit gerade stark aufgewertet wird. Dasselbe geschah in den vergangenen Jahren mit dem Bahnhofsviertel, indem es in den Hochhaus-Bebauungsplan einbezogen wurde. Banken, Firmengeschäftssitze und Bürohäuser wuchsen in die Höhe, coole, schlanke, silberne Wolkenkratzer, ein neues Symbol für die Stadt. Eine solche Entwicklung funktioniert oft als Selbstläufer – in diesem Fall hat es jedenfalls geklappt: Mehr Firmensitze, mehr Kanzleien, mehr Büros … das Bahnhofsviertel wurde als Geschäfts- und Business-Ort neu definiert. Was ihm zugute kam: Es liegt natürlich günstig am Bahnhof, der in Frankfurt eine internationale Schaltstelle ist. Eine halbe Million Pendler frequentieren ihn – täglich! Und stilistisch, so stellte sich heraus, passen Kupfer- und Silberaußenhäute sowie fein gebürsteter Granit sehr gut zum alten Sandsteindekor der wilhelminischen Pickelhauben-Ästhetik, die einst hier herrschte und bereits Verfallsspuren aufwies.

Und natürlich passen auch Beautyläden für Dread Locks, der »Bazar Kabul« mit Schnabelschuhe tragenden Verkäufern und die Moschee im Hinterhof in der Münchner Straße hervorragend zu dieser neu gepflegten Internationalität. Sie waren schließlich schon vor den Wolkenkratzern da, als diese noch nicht zur Schau gestellt wurde.

Dass die Bahnhofsgegend international sein muss, ist logisch. Wer hier ankommt, bleibt manchmal auch. Und wer nicht, kommt wenigstens von (weit irgendwo) her. Dadurch vibriert dieses Viertel ganz ungemein, niemand kann sich seiner besonderen Aura entziehen. Getrocknete Fischköpfe im afrikanischen Supermarkt konkurrieren mit Tiefkühlware aus dem China-Basar, von der wirklich kein Mensch weiß, was sie enthält … außer Chinesen natürlich. Und es gibt hier die angesagtesten Clubs der ganzen Stadt, die von dem rohen Charme profitieren.

Denn roh ist es hier immer noch, auch armselig und schäbig, der Treffpunkt von Drogenabhängigen und Dealern, der Schauplatz von mageren Prostituierten und pink leuchtenden Etablissements, von Bordellen und Puffkneipen. Und Armen. Und stinkenden

Obdachlosen. Das Bahnhofsviertel ist ganz eindeutig ein Ort der Parallelgesellschaften.

Um seine Vielfalt zu präsentieren, die hier wirklich KEIN verbrauchtes Schlagwort ist, beteiligen sich die Anwohner alljährlich an einer Bahnhofsviertelnacht, zu der mittlerweile Frankfurts Stadtoberhaupt Peter Feldmann das Grußwort schreibt. Mit offenen Augen solle man sich den offenen Türen (zu Bordellen z. B.) nähern. Leider ist dieses gute Anliegen mittlerweile zum Party-Event verkommen. Die Besucher – 2017 waren es 50.000 – schluckten lieber handybewehrt ihren trockenen Weißwein, als sich das Hammermuseum, ein Obdachlosenheim oder das Crazy Sexy anzuschauen. Trotzdem: Das Anliegen ist gut.

BANKEN

Frankfurts sichere Bank

Banken sind eine italienische Erfindung. Und eine Erfindung des globalisierten Handels. In den Metropolen der Frührenaissance Pisa, Venedig und Florenz, den damaligen europäischen Handelszentren, verrichteten Wechsel- und Geldhändler ihre Arbeit an den Rändern der Märkte. Dafür stellten sie Bänke auf, denn irgendwohin mussten sie die Geldmünzen ja platzieren. Wurden sie des Betruges überführt, kamen die Ordnungshüter und schlugen ihre Bänke entzwei – banco rotto, womit wir beim »Bankrott« wären.

Kein Wunder also, dass sich die Handels- und Messestadt Frankfurt seit dem 16. Jahrhundert ebenfalls als Bankensitz entwickelte, wobei der berühmteste und reichste Frankfurter seine Geschäfte zunächst vom Judenghetto aus steuerte: Es war Mayer Amschel Rothschild (s. S. 152), der mit seinen Söhnen später ein Imperium aufbauen sollte, Könige und Fürsten mit Geldmitteln ausstattete und auch am Bau des Suezkanals finanziell beteiligt war.

Doch Banken sind seit geraumer Zeit ein Synonym für Turbo-kapitalismus, für Selbstbedienungsmentalität. Und das ist leider auch ein Grund, warum die Stadt so häufig als kalt und abweisend wahrgenommen wird. Seit Finanzkrise, Lehmann Brothers und der Peanuts-Entgleisung des Ex-Deutschen-Bank-Chefs Josef Ackermann sind sie einfach kein Begriff, der Heimeligkeit hervorruft. Aber dafür kann die Stadt ja nichts, möchte man einwenden, und auch nichts für die Spesenritter-Restaurants und Clubs in unmittelbarer Umgebung des Bankenviertels, des Areals zwischen Hauptbahnhof und Westend, in dem sich die meisten Finanzinstitute niedergelassen haben.

Auch die vier bedeutsamsten Banken Deutschlands haben hier ihren Sitz: Deutsche Bank, Commerzbank, Kreditanstalt für Wiederaufbau und DZ Bank. Dazu EZB, Deutsche Bundesbank, Union Invest, Frankfurter Volksbank, Deka Bank, Landesbank Hessen Thüringen, Privatbanken wie das Haus Metzler, Delbrück, Bethmann, Maffei … und 140 ausländische Geldinstitute. Das hat der Stadt den Titel »Alpha-Weltstadt« eingehandelt, aber eben auch ihr Image.

Das wird nicht besser, wenn man die Höher-Größer-Weiter-Schneller-Architekten befragt, die für die Entwürfe neuer Banken-Wolkenkratzer verantwortlich zeichnen, die jetzt im Bankenviertel auf kleinen 1,6 Hektar in die Höhe wachsen sollen. 80 sozial geförderte Wohnungen hat die Stadt den Investoren abgerungen, die mit einkalkuliert werden. Aber gedacht sind die Bauten primär für Hochverdiener, die sich Concierge und weitere Annehmlichkeiten für teures Geld leisten können.

64.000 Beschäftigte in insgesamt 400 Geldinstituten weist der Finanzsektor auf; er ist damit der zweitpotenteste Arbeitgeber der Stadt hinter dem Flughafen, wobei die meisten Arbeitsplätze in der EZB entstanden sind. Sicher hinterlässt das deutliche Spuren im

Stadtbild. Trotzdem – die Banken sind eine Stadt in der Stadt, ein gleißendes Spektakel, mit hochpreisigen Kunstwerken ausgestattet. Und obwohl Frankfurt seit dem späten 16. Jahrhundert durch seine Finanzinstitute charakterisiert wird, mag man sich nicht gerne mit ihnen identifizieren. Sicherlich liegt das auch daran, dass sie nicht so richtig als Teil der Stadtgesellschaft wahrgenommen werden, sondern eher als Parallelgesellschaft, ihr Bild bleibt äußerlich, irgendwie anonym. Auch die Wohngebiete, die für sie geschaffen wurden, z. B. im Riverside Financial District (s. S. 35), tragen zu diesem fassadenhaften Image bei.

Wer diesem kühlen Image entgeht, ist natürlich die Familie Metzler, ein Bankfamilienunternehmen seit dem 17. Jahrhundert, in der Stadt extrem beliebt, Kunst-Mäzene und sozial stark engagiert. Wären sie nur alle so!

MAX BECKMANN

Der Fluss, der gefiel

Der Maler Max Beckmann, 1884 in Leipzig geboren, 1950 in New York gestorben, stammt nicht aus Frankfurt, aber er schuf dort die emblematischsten und vielleicht auch bekanntesten Gemälde der Stadt: die Synagoge (1919), den Eisernen Steg (1922) und den Hauptbahnhof, die man im Städel bewundern kann. In seiner Laufbahn wechselte er häufiger die Malstile und Städte, wechselte zwischen Impressionismus und Kubismus, gehörte der Berliner Secession an, wechselte zudem Schulen und Umgebung, aber seine mit den Mitteln des Expressionismus gemalten dramatischen Stadtlandschaften, die in der Zeit der Weimarer Republik

entstanden, gehören zu denen, die vielleicht am nachdrücklichsten von Frankfurt erzählen.

In die Stadt kam er eher zufällig durch seine Freundschaft mit dem Maler Ugi Baggenberg, den er gemeinsam mit seiner späteren Frau Minna Tube schon 1902 als Student kennengelernt hatte. Trotzdem sollte Frankfurt der Ort sein, an dem er am längsten wohnte, nämlich von 1915 bis 1933. Ganz offenbar gefiel ihm die Modernität und Geschwindigkeit der Stadt, gepaart mit den altertümlichen Ecken und schönen Wäldern. »Hier fand ich einen Fluss, der mir gefiel, ein paar Freunde und ein Atelier«, schrieb er an seinen Verleger Reinhard Piper. Überliefert ist, dass er Kaffee und Cocktails im Frankfurter Hof genoss. Und auch den Hauptbahnhof mochte er, bevorzugte das »große Menschenorchester«.

Baggenberg wohnte in Sachsenhausen und bot Beckmann Zimmer und Atelier in der Schweizer Straße an. Im Jahr 1925 sollte der dann bereits sehr renommierte und mit Ehrungen Überhäufte die Meisterklasse an der Städel'schen Kunstschule übernehmen, ohne je sein politisches Engagement zu verlieren, das sich auch immer wieder in seinen Gemäldethemen niederschlug. Ganze acht Jahre, bis 1933, hatte er diesen Posten inne. Das Sachsenhäuser Kino »Harmonie«, das im Übrigen noch immer besteht, besuchte er häufig.

Für die Nazis galt seine Malerei als skandalös, sie fiel sehr bald in die Kategorie »entartete Kunst«. Beckmann musste das Städel verlassen, seine Gemälde wurden auf dem Römerberg öffentlich verbrannt. Er zog von Sachsenhausen, in dem er gerne gelebt hatte, nach Berlin und später nach Amsterdam, bis er 1947 ein Visum für die USA erhielt. Zurück kehrte er nie wieder.

‹ Der eiserne Steg, den Max Beckmann 1922 für die Nachwelt festhielt, verbindet immer noch als Fußgängerbrücke Sachsenhausen und Frankfurt.

BETHMÄNNCHEN

Für jeden Bankierssohn eines

Man kommt vielleicht nicht gleich drauf, aber Bethmännchen sind ein Marzipankonfekt. Ihr Genuss ist traditionell an die Weihnachtszeit geknüpft. Sie wurden von den Konditoren früher nur zu dieser Zeit frisch hergestellt, und wenn der Frankfurter Kunde sie zu einer anderen Jahreszeit in den Kaufhäusern sah, war klar, dass es sich um Industrieware handelte, die man normalerweise nicht kaufte, nicht mal zum Verschenken … Doch mit dem Eintreffen der immer zahlreicher werdenden Touristen, vor allem aus den asiatischen Ländern, die Süßigkeiten lieben, gibt's nun das gesamte Jahr über Bethmännchen, auch in einigen Konditoreien.

Wieso tragen die von drei Mandelhälften gekrönten Marzipanhappen den Namen einer der berühmtesten Bankiersfamilien Frankfurts? Weil sie von ihrem französischen Patisseur für sie hergestellt wurden. Im 19. Jahrhundert war Simon Moritz von Bethmann einer der angesehensten Bürger Frankfurts, der es sich ohne Weiteres leisten konnte, einen französischen Küchenchef zu beschäftigen. Der wiederum schuf aus der in Frankfurt bereits sehr beliebten Marzipanmasse diese kleinen Halbkugeln und verzierte sie seinem Dienstherrn zuliebe mit den Mandelhälften, ursprünglich eine für jeden der vier Söhne. Das Marzipangebäck wurde im Übrigen auch zur Feier der Ausstellungseröffnung von »Ariadne auf dem Panther« (s. S. 17) gereicht.

Kunstvoll verzierte und kurz im Ofen überbackene Marzipanscheiben, die sogenannten Brenten, waren schon lange zuvor in Frankfurts feinen Tee-Salons bekannt, so wie die Zuckerbäckerei überhaupt einen guten Stand in der Handelsstadt hatte. Davon zeugt auch das prachtvolle Fachwerkgebäude »Zur goldenen Waage« von 1620, das jetzt neu in der Altstadt entstanden ist. Hier residierte einst der Zuckerbäcker Abraham von Hummel. Man kann sich gerne von dessen Wohlhabenheit überzeugen, sie spiegelt sich in der Pracht dieses Gebäudes, eindeutig das schönste am Platze.

Heute tragen die Bethmännchen nur drei Mandelhälften – einer der Söhne von Simon Moritz von Bethmann verstarb früh.

BETTINE VON ARNIM

Zwischen Romantik und Revolution

Der Name Brentano evoziert bei den Frankfurtern sofort die Assoziation von weltoffenem Handelsbürgertum und gleichzeitig von einer literarischen Tradition, die besonders hier verwurzelt ist: die der Romantik. Bettine von Brentano (1785–1859) war die Tochter des reichen, aus Italien stammenden Kaufmannes Peter Anton (Pietro Antonio) und Maximiliane von Brentano, Enkelin von Sophie de la Roche, Schriftstellerin und Herausgeberin der ersten deutschen Frauenzeitschrift. Einer ihrer Brüder war Clemens von Brentano, und beide zählten zu den unbestrittenen Ikonen ihrer Epoche. Zu ihnen gesellte sich Achim von Arnim, ein Freund von Clemens und der spätere Mann von Bettine, die 20 Jahre mit ihm verheiratet war, sieben Kinder mit ihm hatte, aber selten mit ihm zusammenwohnte. Er versorgte sein Landgut, sie blieb in Frankfurt.

Der Buchtitel, der die Rezeption von Bettine von Arnim nachhaltig bestimmen sollte, diente später gleichzeitig ihrer Charakterisierung. »Goethes Briefwechsel mit einem Kinde« hieß es; Bettine von Arnim veröffentlichte es fünfzigjährig im Jahr 1835. Über ihre Mutter Maximiliane, die einen Salon pflegte, machte sie die Bekanntschaft des Dichterfürsten, die alles umstrahlende Künstlerpersönlichkeit seiner Zeit. Als neugierig, spontan, klug, gebildet, warmherzig wird sie rezipiert, nicht als fraulich, und mit einem scharfen politischen und sozialen Verstand gesegnet. Goethe selbst schien ihre Zuneigung und Zugewandtheit nicht genossen zu haben, davon ist in »Dichtung und Wahrheit« die Rede.

Da die Mutter früh starb, wechselte sie in den großmütterlichen Haushalt. Ihre Bildung entsprach der einer jungen Dame aus großbürgerlichem, tolerant denkendem und freiheitlichem Elternhaus, die ihre Talente pflegen konnte. Die politischen und künstlerischen Salons des Vormärz bildeten ihr Terrain; hier erwarb sie sich die Achtung Ludwig van Beethovens und die Freundschaft Rahel von Varnhagens.

Aber neben der Künstlerfreundin existierte in ihr auch die vom Marxismus (Marx lernte sie 1842 kennen) beeinflusste, politisch denkende Frau, die sich für die schlesischen Weber ebenso engagierte wie für die Göttinger Sieben, die sieben Professoren an der Göttinger Universität, darunter die beiden Brüder Jacob und Wilhelm Grimm, die während des Vormärz wegen ihrer liberalen Gesinnung aus der Universität verbannt wurden. Nicht umsonst war sie in eine Zeit hineingeboren worden – und dazu noch im aufgeschlossenen, bürgerlichen Frankfurt –, in der Friedrich Schiller mit seinen gesellschaftskritischen Stücken »Räuber« und »Kabale und Liebe« große Erfolge feierte.

Sie selbst forderte die Gleichstellung der Frauen und Bürgerrechte für die große jüdische Gemeinde, die während ihrer Kindheit noch im Ghetto eingesperrt leben musste. Zwei weitere Bücher veröffentlichte sie nach »Goethes Briefwechsel mit einem Kinde«. Zur Thronbesteigung des preußischen Königs Friedrich Wilhelm IV. im Jahr 1843 schrieb sie »Dies Buch gehört dem König«. Im Jahr 1852, nach dem Scheitern der bürgerlichen Revolution von 1848, deren Zielen sie sich angeschlossen hatte, verfasste sie »Gespräche mit Dämonen«, einen gesellschaftspolitischen Entwurf. In Bayern und Preußen wurden beide Traktate von der Zensur verboten.

Frankfurts neues Gesicht

Der schnelle Rhythmus der Stadt bringt Baustellen hervor … viele Baustellen. Wo gestern noch etwas stand, ist heute schon ein Loch, und wo ein Loch war, rekeln sich morgen die Kräne. Das mag man überhaupt nicht schön finden, gemütlich ist es erst recht nicht, aber es ist dem Tempo geschuldet, mit dem die Stadt in ihre internationale Bedeutung hineinwächst.

Drei emblematische Baustellen hat Frankfurt nun, mal abgesehen von den hundert, die für das Jahr 2018 vorgesehen sind. Die eine okkupiert das ehemalige Degussa-Gelände und heißt jetzt Riverside Financial District mit dem Winx-Tower und den Maintor Patio und Palazzi, Wohnquartieren (Wohnungen möchte man schon gar nicht mehr sagen) hinter einer glatten, abweisend anmutenden Außenfläche mit aufgehängten Balkonen, vergitterten Fenstern und variabel zu gestaltenden Innenflächen – gedacht für den anspruchsvollen Kosmopoliten. Wie viel das kostet, ist klar. Nicht jeder kann sich in Frankfurt wohnungstechnisch Kosmopolit nennen, und die, die wirklich welche sind, leben eher im Bahnhofsviertel.

Womit wir bei der zweiten Baustelle wären. Auch sie wird nicht nur das Stadtbild, sondern auch die Sozialstruktur tiefgreifend verändern, mehr jedenfalls als ein neuer Verkehrskreisel. Sie liegt am Güterplatz an der Mainzer Landstraße, jener wichtigsten Arterie des Gallus. Über wirklich lange Zeit war dies der Hinterhof des Hauptbahnhofes, das Niemandsland zwischen der ehemaligen Polizeidirektion und der altgedienten Restaurantpension »Fennischfuchser«, dem Konsulat der Republik Kosovo, chinesischen Handyläden, Spezialgeschäften für Gummidichtungen und indischen Imbissen.

Das neue Europaviertel wurde jetzt zwischen Hauptbahnhof und Gallus geschoben, dort, wo man in manchen Straßenzügen überhaupt kein Deutsch hört. Noch ist es ganz unbeleckt von irgendwelchen Gebrauchsspuren. Viele Grünflächen ermittelt man zwischen Baukränen und fertiggestellten Häusern, und ein klein wenig Infrastruktur hat sich auch schon etabliert – wobei man den Eindruck gewinnen kann, das gemeinsame Einkaufen im einzigen Rewe in der Umgebung würde das Sozialleben zusammenhalten. Am auffälligsten ist derzeit noch die monumentale Europaallee, die sich wegen ihrer Dimensionen den Spitznamen »Stalinallee« eingefangen hat.

Am Güterplatz erhebt sich seit Jahren die Shopping Mall Skyline Plaza in einer Aufsehen erregenden Architektur, was nicht verhindert hat, dass sie Frankfurts leerstes Shopping Center ist – es fehlt schlicht die Anbindung an vieles. Drumherum stakst man seit Jahren in Baustellenlehm, die Kundschaft aus dem Europaviertel hat es nicht ganz so nah und das Angebot passt auch nicht so richtig zum Migranten-Gallus. Dort hat man eigene und gut eingeführte Grills und Café-Kiosk-Internet-Bars sowie Gemüse- und Fischläden.

Gegenüber von der Skyline Plaza wächst gerade etwas in die Höhe, das Frankfurts exklusivster Wohnturm werden will: der Grand Tower … was die Struktur erneut grundlegend verändern wird. Ein Bruch nach dem anderen: Das Karussell der Veränderungen hält in Frankfurt niemals still.

———————— ◯ ————————

Zum Wohl und zum Wehe

Jeden Abend vor der Tagesschau kann sich die Fernsehwelt über die neuesten Dax-Zahlen, die wirtschaftliche Weltenlage, über Kurven und Notierungen informieren – und auch wenn das alles ziemlich unverständlich klingt in dieser häppchenweise verkürzten Darreichung, so wird man doch jedes Mal wieder belehrt über den unverblümt dargebotenen Raubtierkapitalismus: Ist der Konkurrent geschluckt, rasen die Aktienkurse in die Höhe, sind ordentlich Menschen entlassen, ebenfalls … die Schattenseiten dieser »Modernisierungen« zeigt und kommentiert dann die Tagesschau.

Immer wieder erhascht man dabei einen Blick ins Parkett der Frankfurter Börse, inszeniert wie der Blick in ein rätselhaftes Laboratorium mit zittriger Fieberkurve im Hintergrund. Damit ist es allerdings ein bisschen wie mit »Des Kaisers neuen Kleidern«, denn das Börsengeschäft wurde längst nach Eschborn ausgelagert. Das Parkett im denkmalgeschützten Gebäude soll aber weiterhin Frankfurt als Börsenstadt repräsentieren. Für Besucher wird es jetzt noch hübscher gemacht, worüber sich die Finanzdienstleister freuen, denn Frankfurt als wichtigster kontinentaleuropäischer Finanzplatz braucht auch einen sichtbaren Anker, sprich dieses Haus und dieses Parkett, dessen Besucherzahl von jährlich etwa 35.000 verdoppelt werden könnte.

Seit Jahrhunderten ist die Börse in einer Stadt angesiedelt, in der sie angesiedelt sein musste, um die vielen unterschiedlichen Zahlungsmittel, die auf den Handelsmärkten des Mittelalters auftauchten, bewerten und angleichen zu können. Der Wert einer Münze bemaß sich am Gehalt des enthaltenen Feinmetalls, doch da wurde kräftig betrogen.

Das Jahr 1585 gilt als das Geburtsjahr der Frankfurter Bursß, als ausländische und inländische Münzen auf den Messen kursierten, die nicht eindeutig in ein Koordinatensystem der Handelswerte unterzubringen waren. Frankfurt war da schon über Jahrhunderte hinweg Mittelpunkt des internationalen Handels, und die Notwendigkeit, miteinander vergleichbare Währungen zu haben sowie Wechsel und Schuldscheine, war groß. Um die Geschäfte in Gang zu halten und zu verwalten, brauchte man diese Einrichtung. Die erste Börse wurde in den Römerhallen aufgeschlagen, später wanderte sie dann in die Sandgasse.

Zwei Frankfurter Familien mischten im internationalen Bankenverkehr kräftig mit – und sie tun es bis heute: die Familie Metzler (gegründet 1760) und die Familie Bethmann (gegründet 1748). Die eine versorgte die Habsburger, die andere die Hohenzollern mit ihren Diensten. Als das Judenghetto fiel, konnte auch Amschel Mayer Rothschild (s. S. 152) seine Geschäfte ausdehnen – Frankfurt entwickelte sich im 19. Jahrhundert zum wichtigsten Börsenplätz Europas neben London und Paris.

Im Jahr 1879 wurde die neu gebaute Börse bezogen, und sie stand mitten in der Stadt, dort, wo sie sich heute noch befindet – ein klassizistischer Bau mit prunkvollem Säulenportal. Wem sie nicht gleich auffällt: Zwei mächtige Bronzeskulpturen, die einen Bullen und einen Bären zeigen, weisen metaphorisch auf das Auf und Ab der Geschäfte hin.

SUSANNA MARGARETHA BRANDT

Die bekannteste Kindsmörderin der Welt

»Heinrich, mir graut vor dir«, durfte es noch sagen, das liebliche Gretchen, bevor es wegen Kindsmords in den Kerker ging, verführt und schwanger geworden vom liebestollen Greis Faust, dem ein besonderer Teufelstrank die Gestalt eines jungen Mannes gegeben hatte. Wer kennt ihn nicht, den Faust'schen Pakt mit Mephisto, der den alten, zweifelnden, resignierten Wissenschaftler und Philosophen mit einem abenteuerlichen Leben versorgen sollte.

Gretchen, verliebt, verführt, geschwängert, verlassen und darüber halb wahnsinnig geworden, die ihr Kind umbringt und deswegen zum Tode verurteilt wird, ist nicht der reinen Fantasie von Johann Wolfgang von Goethe entsprungen. Susanna Margaretha Brandt war ein Mädchen aus Fleisch und Blut, geboren 1746, hingerichtet 1772. Sie arbeitete als Schankmagd gemeinsam mit ihren beiden Schwestern in der Herberge einer Witwe an der Staufenmauer. Ein dort logierender Goldschmiedegeselle auf Wanderschaft soll sie verführt und geschwängert haben, verließ aber nach wenigen Tagen Frankfurt. Susanna Margaretha hatte weder die Mittel noch die Möglichkeit, ihn ausfindig zu machen. Ohne ihre beiden Schwestern oder die Wirtin in ihre Schwangerschaft einzuweihen, gebar sie schließlich ihr Kind, das, wie sie es später bei der gerichtlichen Vernehmung angab, sofort tot gewesen sein soll. Sie wurde, wie damals üblich, zum Tod verurteilt. Ihr Fall war beileibe kein Einzelfall.

Goethe hatte dieses Verfahren verfolgt. Er kannte auch die Ärzte, die Susanna Margaretha Brandt behandelt hatten. Mit dem Gretchen in seinem »Faust, erster Teil« veröffentlicht im Jahr 1808, setzte er ihr ein Denkmal.

Ein Kleinod im Park

Es hat aktuell das größte Schwimmbecken aller öffentlichen Bade-
anstalten Europas mit den Maßen 120 mal 80 Meter. Und es dürfte
wohl auch eines der schönsten Schwimmbäder sein. Üblichen
Schnickschnack wie Rutschen und Wasserspiele weist es nicht auf,
dafür aber wunderbare Liegewiesen, einen uralten, dichten Baumbestand und einen Altarm der Nidda.

Ziemlich unüblich für ein Schwimmbad. Aber das Brentanobad hat
auch eine ungewöhnliche Geschichte. Es entstand nicht auf dem
Reißbrett, sondern wurde aus einem alten Park herausdestilliert, der
ursprünglich der Kaufmannsfamilie Brentano gehört hatte. Im 18. und
19. Jahrhundert zählte es zu den Moden der besser gestellten Gesellschaft – und dazu gehörten die Brentanos zweifellos –, sich romantisch
inspirierte Gärten außerhalb der Stadt anlegen zu lassen. Viele Parks in
Frankfurt gehen auf diesen Ursprung zurück. So hatten auch die Rothschilds und die Bethmanns einen oder sogar mehrere Parks (s. S. 159).

Der im Sinne der Romantik von den Brentanos 1808 gestaltete
Landschaftspark wurde von der Nidda durchflossen und breitete
sich über 14 Hektar auf leicht gewellten Wiesen aus. Die Familie
ließ Bäume, teilweise auch exotische Hölzer anpflanzen und Pavillons anlegen. Es gab klassische weiße Badetempelchen à la Antike
und ein Hecken-Labyrinth, wie in Englands Gärten üblich. Das
heute noch genutzte sogenannte Petrihäuschen entwarf niemand
Geringerer als der Papst der klassizistischen Architektur, Karl Friedrich Schinkel für Clemens von Brentano und seine Dichterfreunde,
zu denen auch Goethe zählte.

Im Jahr 1926 erwarb die Stadt Frankfurt das Gelände. Die Zeiten
hatten sich radikal geändert und der Park wurde aufgeteilt, zum

∧ Seit 1989 steht der Brentanopark mit seinem schönen alten Baumbestand unter Denkmalschutz.

einen in den Brentanopark mit Petrihäuschen, zum anderen in das Brentanobad, angelegt im Dienst der »Volksgesundheit«, ein Schlagwort, das zu diesem Zeitpunkt noch frei von nationalsozialistischer Konnotation benutzt werden konnte. Seine romantische Vergangenheit findet sich in dem alten Baumbestand wieder und schimmert heute noch durch – egal, wie viele Besucher das Schwimmbad täglich frequentieren (in guten Zeiten knapp 10.000).

Mit Korb einfach unentbehrlich

Mit diesem Bub wächst halb Frankfurt auf. Also nicht mit DEM Brezzelbubb, aber mit einem Brezzelbubb, der im Normalfall auch kein Bubb mehr ist, sondern ein ausgewachsener Mann. Der Brezzelbubb trägt einen großen Korb spazieren, in dem sich gut sortiert Frankfurter Köstlichkeiten befinden, zum Beispiel die Haddekuche (harte Kuchen), die ein bisschen wie Lebkuchen schmecken und tatsächlich so hart sind, dass man sie in heißer Soße zerbröseln und dort weich kochen kann, zum Beispiel beim Wild- oder Sauerbraten. Ein rautenförmiges Muster überzieht ihre glatte, dunkelbraune Oberfläche, ganz ähnlich dem Gerippten, dem Glas, in dem traditionellerweise der Apfelwein serviert wird. Dazu kann man die Haddekuche auch sehr gut verspeisen; am besten ganz langsam und gut kauen …

Brezzeln klein und groß, dick und fluffig, knusprig und dünn, mit Salz bestreut oder ohne, sogar mit Käse überbacken und mit Speck bestreut (ist aber nicht original frankfurterisch) gehören zur weiteren Grundausstattung des Brezzelbubbs, der sich normalerweise mit einer Glocke Aufmerksamkeit verschafft. Er zieht durch die Äbbelwoi-Viertel Frankfurts in Sachsenhausen und Bornheim, beehrt die sommerlichen Theaterfeste in den Parks und ist einfach unentbehrlich, wenn man zum Schoppen uff de Gass' oder in der Apfelweinwirtschaft noch was zum Beißen braucht, was nicht so teuer ist und dazu passt.

BRICKEGICKEL

Ein Baumeister hat einen Plan

Die Inszenierung war perfekt: Der Brickegickel wurde an einem trüben, nieseligen Novembermorgen 2017 wieder auf der Alten Brücke inthronisiert, dort, wo er drei Jahre lang schmerzlich vermisst worden war. Jetzt leuchtet er so schön in seinem frisch aufgeputzten Goldglanz durch den ganzen Niesel, dass es eine reine Freude ist. Die Alte Brücke überquert man jetzt noch mal so gern.

Der Brickegickel – eigentlich der Brückenhahn, aber in Frankfurt ist ein Hahn ein »Gickel« und die Brücke eben die »Brick« – erinnert an eine uralte Legende, bei welcher der Teufel seine Hand im Spiel hatte. Die Gebrüder Grimm erzählen die Sage, und auch Johann Wolfgang von Goethe soll sie als Inspirationsquelle genutzt haben. Und die Geschichte geht so:

Der Baumeister der ersten und ältesten Brücke über den Main (die Alte Brücke geht auf das Jahr 1247 zurück, allerdings nicht in ihrer heutigen Gestalt) konnte seine Konstruktion nicht zum vereinbarten Termin fertigstellen. Darüber geriet er dermaßen in Verzweiflung, dass er den Teufel um Hilfe bat. Der billigte sie ihm zu, aber unter der Bedingung, dass die Seele des ersten Lebewesens, welches die fertiggestellte Brücke überqueren würde, ihm zur Verfügung stünde. Eine arge Zwickmühle. Denn der Brauch wollte es, dass stets der Architekt als Erster über seine gebaute Brücke laufen musste, um ihre Stabilität zu demonstrieren. Eine Art Gottesurteil also.

Der Baumeister entzog sich dem mit dem Teufel eingegangenen Pakt mithilfe einer List. Er schickte am Morgen der Einweihung einen Hahn über die Brücke – und mit dessen Seele musste der Teufel nun vorlieb nehmen.

Der goldene Brickegickel, der erstmals 1405 gesichtet wurde und die Stelle eines zuvor dort platzierten Kruzifix' einnahm, erfüllte aber auch eine handfeste Funktion: Er machte die Schiffe auf dieses Brückenhindernis aufmerksam, auf die tiefste Stelle und gleichzeitig die stärkste Strömung im Fluss. Aus diesem Grund wurden genau an dieser Stelle auch zum Tod durch Ertränken Verurteilte hingerichtet, denn ihre Leichen wurden rasch fortgespült.

Mehrmals wurde die Brücke verändert und umgebaut. Sie bestand bis auf die gemauerten Pfeiler aus Holz, das man bei feindlichen Belagerungen rasch entfernen konnte. Und auch dem Brickegickel war ein wechselhaftes Schicksal beschieden – während der Belagerungen im Dreißigjährigen Krieg, während napoleonischer Gefechte und schlussendlich, als die Wehrmacht zwei Brückenbögen sprengte, um die US-amerikanische Armee aufzuhalten, wurde er angeschossen, vom Sockel geschossen und später sogar einmal gestohlen, dann aber in seiner spätbarocken Form wieder nachgebaut und im Historischen Museum ausgestellt.

Doch seit dem 17. November 2017 leuchtet er wieder golden auf der Alten Brücke.

19

BUCHMESSE

Wenn die Welt zu Gast ist

Leila Slimani, Ulrich Kienzle, Ilja Trovanow, Tristan García, Brigitte Zypries, Ingo Schulze, Johann Lafer, Andreas Hoppe – was haben diese Menschen miteinander zu tun? Sie teilen sich eine Stunde auf der Frankfurter Internationalen Buchmesse, etwa um die Mittagszeit. Doch nicht nur sie sind präsent, um vorzulesen, zu debattieren, zu übersetzen. Gefühlt Hunderte weitere Autoren, Politiker, Schauspieler, Ratgeber, Ärzte, Sänger, Köche usw. nehmen auf Podien, an Verlagsständen, auf improvisierten Bühnen Platz; und dennoch werden alle Veranstaltungen voll sein, garantiert. Denn die Buchmesse hat vor allen anderen Messen in Frankfurt (wovon es nicht wenige gibt) die größte Ausstrahlung und Wirkung in die Gesellschaft hinein.

Seit sie sich auch als Lesefest organisiert, ist sie in der einen Woche im Oktober, in der sie stattfindet, der absolute Place to be, um gesellschaftspolitische und literarische Strömungen und Diskussionen mitzuerleben, und ähnelt mehr einem Festival als einer Messe. Die ganze Stadt scheint in einen kollektiven Diskurs zu versinken, an zahlreichen Orten im Zentrum gibt es Lesungen und Gespräche.

Die Tradition der Messen in Frankfurt ist über ein halbes Jahrtausend alt. Die Stadt lag mitten im Koordinatensystem wichtiger Handelswege, die sich quer durch Europa zogen, und dazu an einem Fluss. Sie lag im Zentrum des Heiligen Römischen Reiches und war Ort der Kaiser- und Königskrönungen. Martin Luther spottete über die Stadt, die er 1521 besuchte, sie sei ein »Gold- und Silberloch« – damals waren der Handel und die Messen bereits erfolgreich etabliert. Und das Rathaus, der Römer, war ursprünglich ein Warenlager für italienische Erzeugnisse …

Auch die Buchmesse in Frankfurt blickt auf eine Tradition von einem halben Jahrtausend zurück. Vor allem die Nähe zu Mainz, dem Zentrum des Buchdrucks, begünstigte sie als Ort des gerade sich einrichtenden Verlagswesens. Mit Leipzig erwuchs ihr im 18. Jahrhundert allerdings eine bedeutende Konkurrenz.

Im Jahr 1949 erschuf sie sich neu. Anfangs tagte sie noch in der Paulskirche. Umrahmt von vielen wichtigen Auszeichnungen und Preisen – dem Friedenspreis des Deutschen Buchhandels, dem Deutschen Buchpreis, dem Deutschen Jugendliteraturpreis und dem LiberaTourpreis für Schriftstellerinnen aus Afrika, Asien und Lateinamerika, dem Menschenrechtspreis der Friedrich-Naumann-Stiftung –, versorgt von kostenfreien Literaturbeilagen der wichtigsten Zeitungen und Zeitschriften, erblühen in dieser Woche ganz neue Leserschaften. Die Lesungen im Schauspiel Frankfurt mit immerhin 800 Plätzen sind schon früh ausverkauft, die Partys heiß begehrt, Römer und Römerberg so belebt wie die Messehallen.

Echt schade, wer sich dann nicht in Frankfurt aufhalten kann.

CAFÉ LAUMER

Sozialwissenschaftlich genossene Torten

In einer Zeit, in der sogar das altehrwürdige Café Kranzler am Berliner Kurfürstendamm mit Lounge-Stil und Sonnenliegen auf der Terrasse daherkommt, lobe ich mir das gute alte, großbürgerliche Café Laumer im Westend mit seinem dezent feinen Stil, der mattroten Tapete, den Holzvertäfelungen, den elegant geschwungenen Stühlen, den royalblauen Sofas, den feinen Zeitungshaltern und vor allem: seinen feinen Torten, denen – und dafür muss man das Haus loben – eine sogenannte Bürgertorte beigesellt wurde, als sich die Beschwerden der Gäste häuften, die Torten seien zu teuer. Der Patissier kreierte eine Torte auf der Basis von Äpfeln, aber keine simple Apfeltorte, sondern eine mit Apfelwein und Vanille auf einem Mürbeteigboden mit dem Frankfurter Stadtwappen auf dem mit Puderzucker bestreuten Deckel obendrauf. Dieses Tortengedicht wird zu einem Preis deutlich unter drei Euro angeboten. Und seither ist Schluss mit nörglerischen Gästen, die die Cremeschichten bei der Herrentorte nachgemessen und für zu wenig befunden haben.

Am Mobiliar, das teilweise stilistisch in die 1960er-Jahre zu verorten ist, zu rütteln, wäre auch grundverkehrt – Starbucks, Coffee Fellows, Lounges etc. pp. gibt es wie Sand am Meer. Wir schätzen dagegen Unverwechselbares.

Und es gibt noch mehr Aufregendes über das Café Laumer zu berichten. Dieser 1919 im post-wilhelminischen Zeitalter gegründete Hort des feinen Genusses in seinem dezenten Großbürgerprunk war ein begehrtes Ziel von Max Horkheimer und Theodor W. Adorno, die das in der Nähe gelegene Institut für Sozialwissenschaften (s. S. 70) führten und hier gerne frühstückten. Auch die Verleger und Autoren der »Weltbühne«, dieser von Carl von Ossietzky und Kurt Tucholsky geführten radikaldemokratischen Zeitschrift für Literatur, Politik und Kultur, zu deren Autoren Else Lasker-Schüler, Lion Feuchtwanger und Erich Kästner zählten, trafen sich hier.

Später, in den 1968er-Jahren, wurde es in Café Marx umgetauft, weil es zum Treffpunkt linker Aktivisten und Theoretiker avancierte, was aber Theodor W. Adorno nicht davor bewahrte, während einer Tumultszene eine Torte ins Gesicht geschleudert zu bekommen.

Nein, unser wunderschönes Café Laumer ist keine Lounge, die Engadiner Nusstorte schmeckt unvergleichlich, und man reiht sich sonntags gerne ein in die Schlange der Wartenden vor der Kuchentheke, um sein in cremefarbenes Papier eingeschlagenes Päckchen voller luftig-leichter Kalorienbomben hochgestimmt in Empfang zu nehmen. Hoffentlich kommt niemand auf die Idee, Sonnenliegen in den Garten zu stellen!

Linkssein ist alles

Es gibt ihn seit einer gefühlten Ewigkeit. 1968 – presente, möchte man am liebsten rufen, denn da gab es ihn schon, den legendären Club Voltaire mit Else Cromball und Victor, dem Chilenen. Er ist so links, wie ein Club nur sein kann. »Commandante Che Guevara« erklang hier aus unzähligen Kehlen, über Ulrike Meinhof redete man sich die Köpfe heiß … bis zum heutigen Tag ist der Club Voltaire DER linke Club geblieben, geschätzt von Jung und Alt gleichermaßen, ein kleines, einfach möbliertes Lokal, in dem es Apfelwein, Bier, Suppe und Würstchen gibt, die man sich am Tresen abholt für kleines Geld, mit zwei rumpeligen Seminarräumen für Versammlungen im ersten Stock und mit dem Wirtshaussingen und »Hebels Aktueller Stunde« einmal im Monat. Der Redakteur Stephan Hebel von der Frankfurter Rundschau veranstaltet hier seine beliebten Politikdiskussionen – hier, in keinem anderen Rahmen.

Hier gibt's Wahlpartys, Konzerte, Discos, Ausstellungen und immer wieder Debatten. Der Club Voltaire ist, ohne sich dieses Etikett anziehen zu wollen, der unangestrengte Diskurs-Treffpunkt und eine schön unspektakuläre Kneipe obendrein.

Und das mitten in der Innenstadt. Den Club gab es schon, da war die benachbarte Alte Oper noch eine Ruine, die Fressgass noch eine Fressgass mit Delikatessengeschäften, dafür ohne Starbucks, Coffee Fellows und Boutiquen. Da gab es das städtische Stadtbad Mitte noch und nicht das Hilton Hotel, das sich das zuvor für jedermann zugängliche Stadtbad Mitte einfach in seinen Wellnessbereich einverleibte. Da können die Hochhäuser an der Kleinen Mainzer Straße in die Höhe wachsen, wie sie wollen, da konnten sogar die Junkies aus der Bockenheimer Anlage vertrieben werden – der Club Voltaire bleibt unerschütterlich, wo er ist. Seit 1962. Möge er auf ewig dort bleiben.

DEUTSCHES ARCHITEKTURMUSEUM

Was man übers Leben lernen kann

Wenn das Wohnen immer wichtiger wird, kommen auch Fragen nach dem »Wie«, dem »Wo« und vor allem dem »Womit bezahlen« auf, will man in einer westdeutschen Großstadt leben (was viele wollen). In diesem Zusammenhang wird Architektur, werden Architekten immer wichtiger. Gutes Wohnen ist tatsächlich zu einem begehrten Gut geworden und offenbar nicht selbstverständlich. Das Deutsche Architekturmuseum in Frankfurt will diese Diskussionen mit Ausstellungsprojekten befeuern.

Dafür kann man ihm nur dankbar sein – so wird das DAM am Sachsenhäuser Museumsufer zu einem Hotspot in der Stadt. Denn in Frankfurt passiert ständig etwas, werden die Manifeste der Beton-brut-Architektur abgerissen (um ihnen im Museum eine Ausstellung zu widmen), werden Baulücken mit Wohntürmen gefüllt, veranstalten Politiker Abende zu der Frage »Wem gehört die Stadt?« Ja, wem gehört sie? Architektur ist eben auch ein politisches Manifest.

Und dafür liefert Frankfurt eindrückliche Beispiele. Das beginnt bei Ernst May (s. S. 80) und setzt sich fort über Walter Schwagenschweidt, der die Nordweststadt Ende der 1950er-Jahre konzipierte, eine dieser Retortenstädte am Stadtrand, mit denen die Stadtregierungen der Wohnungsnot nach dem Zweiten Weltkrieg abhelfen wollten und die als seelenlos und konfliktschürend empfunden wurden (außer von deren Bewohnern übrigens). Frankfurt spaltet sich auf – in die leblos anmutenden, durchgeplanten Bezirke, denen oft ein Mittelpunkt, ein Herz fehlt, und die lebendigen, gewachsenen Stadtteile, die sich aber einer immer stärker werdenden Gentrifizierung ausgesetzt sehen (s. S. 94).

Das Deutsche Architekturmuseum spiegelt diese Entwicklungen – sei es mit einer Ausstellung über die kühnsten Wolkenkratzer, sei es mit einer über die eigenwillige Schönheit der verfallenen Paläste in den Slums von Kalkutta, über die Rolle der Frauen in der Architektur oder über die Ankunftskultur für Flüchtlinge.

Das Museum selbst wurde 1977 in einem lupenreinen Bau der Postmoderne untergebracht, in einer von dem Architekten Mathias Ungers neu definierten Villa, die komplett entkernt wurde. In den so entstandenen Innenraum stellte er ein neues Haus mit Öffnungen für Türen und Fenster und einem Satteldach im obersten, dem fünften Stockwerk. So liefert das Architekturmuseum selbst einen beredten Beitrag zu dem, was es ausstellt.

DEUTSCHES FILMMUSEUM UND KOMMUNALES KINO

Archiv, Forschungsstätte, Ideen- und Impulsgeber

Wie schafft man es, Kinder fürs Kino zu begeistern? Für gutes Kino, nicht für irgendeinen Schund? Wie schafft man es, Respekt gegenüber diesem Medium zu vermitteln? Das Deutsche Filmmuseum gibt sich alle erdenkliche Mühe – und ist natürlich noch viel mehr, nämlich Archiv, Forschungsstätte, Ideen- und Impulsgeber für außergewöhn-

> Schauspieler Maximilian Schell betrachtet 2011 im Deutschen Filmmuseum Jim Raketes Porträts von Filmschaffenden.

liche Filmreihen, für außergewöhnliche Projekte, für eine Erweiterung des Blickhorizonts nach Osten, Westen, Süden und Norden, denn Grenzen sind keine gute Idee für filmische Fantasie.

Das deutsche Filmmuseum reiht sich ein in die von städtischer Hand energisch vorangetriebenen Projekte des Museumsufers (s. S. 135) in den späten 1970er-Jahren. Ins Haus aufgenommen wurde das Kommunale Kino, das bis dahin im Technischen Rathaus im Foyer des Historischen Museums untergebracht war.

Bis zum damaligen Zeitpunkt hatte dies alles den Charakter des Fragmentarischen, Unvollendeten. Doch mit dem neuen Filmmuseum, das 1984 in einer säulenverzierten wilhelminischen Gründerzeitvilla eröffnet wurde, und seiner Zusammenlegung mit dem Deutschen Filminstitut und dem Kommunalen Kino unter einem einzigen Dach begann eine neue Ära. Für die Innengestaltung engagierte man den Bühnenbildner Jan Schublach – eine gute Wahl, denn schon das meterhohe Foyer bietet Platz für Projektionen im außergewöhnlichen Format.

Auf zwei Etagen wird die Geschichte der bewegten Bilder aufgeblättert, von den frühesten Exponaten aus dem späten 18. Jahrhundert bis hin zum Modell des »Alien« von H. R. Giger. Eine Beziehung herzustellen zwischen Blick, Perspektive, Bewegung und Licht, hat um die Jahrtausendwende anscheinend schon die Araber beschäftigt. Sie erfanden einen Prototyp der Camera obscura. Später kamen dann die Peep Shows – Guckkästen, die eine höfische oder Landschaftsszene einfassten und so die Blicke lenkten. Reisende Künstler führten sie auf Jahrmärkten und Volksfesten vor. Vom Guckkasten zur Bildertrommel war es kein großer Schritt.

Diese kleinen Entwicklungsschritte kann man interaktiv nachvollziehen. Dazwischen bleibt viel Raum für die schöpferische Fantasie, durch die alten Seh-Apparate zu neuem Leben erweckt, die Bas-Reliefs auf halbtransparenten Porzellanplatten, die Fotoserien, die Bewegungsstudien dokumentieren, und die sogenannten Schnellseher. Überhaupt ist Interaktivität das Zauberwort des Museums – und verwandelt die Besucher in kleine Erfinder.

DIE FAMILIE FRANK

Das berühmteste Mädchen der Welt

Dass das berühmteste Mädchen der Welt sich mit seiner jüdischen Familie in Amsterdam vor den Nazi-Schergen verstecken musste, weiß man. Und dass es kurz vor Kriegsende im Konzentrationslager Bergen Belsen entkräftet an Typhus starb, ebenfalls. Aber wissen Sie auch, dass Anne Frank ihre ersten Lebensjahre in Frankfurt verbrachte?

Hineingeboren wurde sie in zwei hoch angesehene jüdische Familien. Aus dem Jahr 1671 ist ein Süsskind Stern in der Frankfurter Judengasse verbürgt, ein Urvater ihrer Familie mütterlicherseits. Wie so viele andere jüdische Familien waren sie gebildet, kosmopolitisch trotz ihres beengten Wohnraumes (oder vielleicht genau deswegen) und beherrschten mehrere Sprachen. Kaufleute mit eigener Bank und Gelehrte – das waren die Vorfahren von Anne, wobei auch noch die Ururgroßeltern Cahn in der Frankfurter Judengasse lebten und als Hausierer arbeiteten. Der jüdischen Bevölkerung war ja – bis auf das Backen und Schlachten für den eigenen Bedarf – ein Handwerk auszuüben untersagt, und so zogen die Cahns mit ihren Waren bis in den Taunus und in den Odenwald, um vor dem Schabbat wieder in die Judengasse heimzukehren.

Die Franks väterlicherseits hingegen stammten aus Landau in der Pfalz. Unter Annes Großvater Michael und Großmutter Alice wurde in Frankfurt ein prachtvolles großbürgerliches Leben geführt – mit Einladungen, Soireen, Opernbesuchen und natürlich Dienstboten. Alle Kinder lernten Sprachen und Instrumente.

Anne und ihre Schwester Margot wuchsen in diese gutbürgerliche Umgebung hinein. Ihr Vater führte die familieneigene Bank weiter und engagierte sich in Handelsgeschäften. Der wirtschaftliche Wohlstand endete mit dem Ersten Weltkrieg. 1929, in Annes Geburtsjahr, errang die NSDAP zehn Prozent der Stimmen bei der Frankfurter Kommunalwahl, und von 1931 an nahmen die Schikanen für die Familie zu. Ihren Stammsitz hatte die Bank der Familie in einem Gründerzeithaus in der Hochstraße, ungefähr gegenüber dem heutigen Hilton Hotel. Annes Familie lebte am Dornbusch, im Marbachweg 307, später bezog sie in dem recht vornehmen Dichterviertel ganz in der Nähe ein Haus in der Ganghoferstraße. Doch die wirtschaftliche Situation zwang sie, in das großelterliche Haus in der Mertonstraße ins Westend zu ziehen und den eigenen Haushalt aufzugeben. Vater Otto Frank arbeitete als Kaufmann weiter, entschloss sich aber 1933, als in Frankfurt die Repressalien gegen die jüdische Bevölkerung immer heftiger zunahmen, nach Amsterdam zu gehen. Ein Jahr später holte er seine Familie nach.

In Frankfurt erinnert das Anne Frank Zentrum, eine Jugendbildungsstätte, mit vielen Projekten und einer Ausstellung an die berühmteste Stadttochter. Vor der Ganghoferstraße 24 gibt es eine Gedenktafel, und vor dem Haus Marbachweg 307 wurde eine Gedenkstele aufgestellt.

DIPPEMESS

Braucht mer

»A Dippe« ist auf Frankfurterisch ein Tongefäß und »a Dippche« ein kleines Tongefäß. Original wird es aus grau glasiertem Steingut hergestellt, verziert mit einem blauen Rankenmuster. Hinein kommt alles, was reinpasst und aufbewahrt werden muss, z. B. Sauerkraut für den Winter, Milch, Kartoffeln, Handkäs.

∧ Die »Dippe«, typische Frankfurter Steingutgefäße für alles, was aufbewahrt werden muss, haben der Dippemess den Namen gegeben.

Und da in Frankfurt alles verhandelt wird, gibt es für das Dippche einen extra Markt. Die Dippemess wurde in Frankfurt bereits im Jahr 1392 veranstaltet – so ist es verbrieft. Seinerzeit war die »Maamess«, wie sie damals noch genannt wurde, ein mittelalterlicher Verkaufsmarkt für Haushaltswaren. Die Händler reisten aus dem Umland an und boten ihr Töpfergut über mehrere Tage lang an. Doch nur der Verkauf wurde bald zu langweilig, und schon umrankten Volksbelustigungen und Buden den Markt.

Die Dippemess wird noch heute zweimal im Jahr im Frühjahr und Herbst veranstaltet, aber die neuen Kollektionen der Tongefäße stehen nicht unbedingt im Mittelpunkt des Interesses. Die Mess hat ihren eigenen Fokus: Millionen von Jugendlichen haben hier ihre Geschlechterrollen eingeübt, und zwar mithilfe der aufregendsten und neuesten Fahrgeschäfte, denn es geht dabei ja um Mut und Stärke. Riesenrad und Achterbahn behaupten sich inmitten der Attraktionen wacker. Töpferwaren werden hier selbstverständlich immer noch gehandelt – und geräucherter Fisch. Nur halt ein wenig abseits. Eine halbe Million Besucher pro Mess, darauf kann die Dippemess stolz sein, auch wenn das Wetter, ob im Frühjahr oder Herbst, nicht so richtig mitspielt und die Bilanz verhageln kann. Sie zählt trotzdem zu den beliebtesten Volksfesten Hessens.

DÖRFER

Woraus die Stadt im Kern besteht

Nun ist es ja so, dass der Frankfurter gar nicht versteht, wenn man ihn als glattgebügelten Hipster wahrnimmt, der zwischen Bankenviertel und Alter Oper hin und her wetzt, mit einem Kaffeebecher in der Hand, dem Smartphone am Ohr und wehenden Mantelschößen. Vermutlich sehen die Leute, die zwischen Alter Oper und Bankenviertel hin und her wetzen, tatsächlich so aus, aber das hat mit Frankfurt nur wenig zu tun – vielleicht sind es auch eher britische, japanische, italienische, saudi-arabische, türkische, chinesische, französische, spanische Mitbürger?

Unter viel Geächz ist Frankfurt nämlich so groß geworden, wie es ist, und zwar im 19. und 20. Jahrhundert. Nach und nach wurden eingemeindet: Bornheim, Hausen, Niederursel, Bonames, Nieder-Erlenbach, Oberrad und Niederrad, dazu 1928 Höchst, Sindlingen und Zeilsheim und als letzter Neuzugang Bergen Enkheim 1977.

Einige waren Gartenstädte (s. S. 86), andere Städte mit eigener Verwaltung und langer Tradition wie Höchst oder auch Zeilsheim. In Bergen Enkheim wird zur Einführung des Stadtschreibers immer noch die Kuh durch den Ort getrieben, und Bornheim hat sich seinen Beinamen »Das lustige Dorf« redlich erworben durch seine zahlreichen Amüsierbetriebe, die sich dort einmal – weit außerhalb von Frankfurt – niedergelassen hatten. Höchst hat ein eigenes Schloss und einen eigenen Palast, Bornheim verfügt über die längste und abwechslungsreichste Einkaufsmeile Frankfurts, die Berger Straße, und Bonames hat mit der Innenstadt Frankfurts gar nichts mehr zu tun. Und das ist herzlich gut so …

Die Stadt wächst und wächst. Grenzen verschieben sich, neue Stadtteile entstanden (wie die Nordweststadt) und entstehen (wie der sterile, aber besonders bei jungen Familien beliebte Riedberg). Jetzt geht es um ein knapp 550 Hektar großes Gelände zwischen Praunheim, Niederursel und Riedberg sowie den beiden Nachbarstädten Steinbach und Oberursel. Dieses gesamte Areal, welches in den Fokus der Stadtplaner gerückt ist, ist so groß, dass es theoretisch Platz für zwei Stadtteile bieten würde. Doch der Protest wallt gewaltig auf: Im Norden grenzt es an ein Landschaftsschutzgebiet, im Süden an die Steinbachaue, die erhalten bleiben soll. Die Bewohner dieser Region beklagen mangelnde Information und Dialogbereitschaft von Seiten der Stadt und finden auch, dass diese Umweltsphäre nicht einfach widerstandslos geopfert werden soll. Stadt gegen Land? Oder Land gegen Stadt?

DOTTENFELDER HOF

After-Work-Out im Kuhstall

Auch wenn der samstägliche Erzeugermarkt (er heißt wirklich so) auf der Konstablerwache mehr einem allgemeinen Besäufnis ähnelt als einem Lebensmittelmarkt, verkaufen hier schon die Erzeuger, die Bauern … hier und in den vielen kleineren Stadtteilmärkten, die sich mittlerweile etabliert haben. Die Kasseler Ahle Worscht in vielen Reifungsgraden, die Vogelsberger Kartoffelbratwurst, Lammfilets aus der Rhön, Ziegenkäse in mehreren Varianten, Bienenhonig und Bienenwachslippenstifte, Öko-Eier, Öko-Fleisch, Öko-Geflügel, Öko-Kuchen, hervorragend geräucherte Forellen und Saiblinge, und als Clou die Unkrautlimonade, die köstlichste Erfrischung, die je erfunden wurde: Diese ganze Produktpalette bildet zusammen

Bio-Obst und -Gemüse kaufen die Frankfurter auf den kleinen Stadtteilmärkten oder direkt im Hofladen in der Umgebung.

mit Backwaren, Kräutern, Obst und Gemüse ernährungstechnisch die Frankfurter Grundversorgung. Beim Bauern einzukaufen, ist ein gesundes Vergnügen. Es wird zum sozialen Akt und zum wundervollen Erlebnis wie in Frankreich, Italien oder Spanien, wo man ja auch die Märkte aufsucht.

Man mag Trendforscher-Bulletins als nutzloses Werbegewäsch abtun, aber eine Tendenz haben sie ausgemacht, die nachvollziehbar klingt: die Distinktion durch Essen. Wer sich für aufgeklärt hält, der isst nachhaltig, achtsam und kocht selbst.

In Frankfurt und Frankfurts Umgebung zeigt sich dieser Trend in den vielen (Bauern-)Hofläden, die es nicht gäbe, würden sie nicht frequentiert. Einer davon ist der absolute Star: der Dottenfelder Hof in der Nähe von Bad Vilbel. Er sieht so aus, wie sich Pippi Langstrumpf einen Bauernhof wünschen würde. Kopfsteinpflaster, Klinkerbauten, Wände aus groben Natursteinen, Holzgalerien, frei laufende Hühner, Rosenstöcke, hübsche Blumenbeete, Kühe auf der Weide, ein Lindenbaum im Hof, Lavendel, Lupinen, und die Schweine tragen Namen wie Rosalie, Emilia und Pünktchen. Man mag sich gar nicht satt sehen und freuen über dieses gelungene Projekt, das einem das Gefühl vermittelt, man könnte etwas ändern, bewirken: eine andere Welt, den Schalter umlegen? Ja, das geht.

Seit 1968 wird der Hof biologisch-dynamisch bewirtschaftet, und seit 1974 ist er anerkannter Lernbauernhof für biologisch-dynamischen Landbau und Ausbildungs- sowie Forschungsstelle. Das Team auf dem Dottenfelder Hof baut 23 alte Apfel- und weitere traditionelle Obstsorten an, die lange aus den Regalen verschwunden waren: Reneclauden, Susinen und Mirabellen, verdrängt von Mango und Litschi. Der Hof ist uralt, wenn stimmt, was in den Urkunden steht. Im Jahr 967 wurde er zum ersten Mal als Tuthoffeld erwähnt. Ab 1122 gehörte er zum Besitz des Klosters Ilbenstadt, später den Landgrafen von Hessen. Das ganze Projekt wird (mit-)geteilt: nicht nur im Hofladen oder im Café, sondern in vielen Kursen, Führungen, Veranstaltungen, wobei unter all den Garten- und Kräuterworkshops einer ganz besonders sinnvoll klingt: After-Work-Out im Kuhstall.

Immer schön knapp halten

»Alls so wieder«, lautet die korrekte Antwort auf diese Frage, in der man sich nach dem persönlichen Befinden erkundigt. Sie ist die Frankfurter Variante von: »Guten Tag, wie geht es Ihnen?« »Immer so weiter«, sagt dann der auf diese Art und Weise Angesprochene wahrhaft diplomatisch. Frage und Antwort sind für Frankfurt typisch verkürzt, man will ja nicht zu viel preisgeben oder auch schlicht nicht zu sehr ins Vertrauen gezogen werden. Auf die hochdeutsch formulierte Frage antworten ja auch nur die Verdrießlichsten »schlecht«, die überwiegende Mehrheit antwortet: »Gut, danke«. Da hält sich der Frankfurter, der sich nicht festlegen will, doch eher in der gefühlten emotionalen Mitte mit seinem »immer so weiter«. Das »Danke der Nachfrage« wird eingespart. Man hält sich eher knapp.

Ein Beispiel: »Ich habe Sie leider nicht verstanden, könnten Sie diesen Satz bitte noch einmal wiederholen?«, zieht der Frankfurter in einem einzigen, unmissverständlichen Wort zusammen: »Hä?« Eindeutiger kann man das nicht sagen, oder? »Fuddele« – das bedeutet »vor sich hinwerkeln, aber schlecht«. »Huddele« meint »schlampig und schnell arbeiten«, und »hibbdebach« und »dribbdebach« lauten die Bezeichnungen für Frankfurt nördlich des Mains und Frankfurt südlich des Mains, also Sachsenhausen. Warum also umständlich, wenn man es doch so einfach sagen kann.

Die spannendste Gasse der Stadt

Mitten hinein in das Herz der Altstadt, knapp am Dom vorbei und zum Main hin liegt eine der interessantesten Innenstadtstraßen Frankfurts – und eine der typischsten: die Fahrgasse. Sie ist nicht totalrestauriert, sie ist keinesfalls Mainstream, sie ist teilweise sogar mit ziemlich hässlichen Häusern im Stil »kleine Mietskaserne« bestückt. Aber egal, so sieht Frankfurt aus, wenn es nicht geschminkt, überarbeitet oder abgerissen wird. Es herrscht ein krudes Mit- bzw. Durcheinander.

Und mittendrin liegt das Museum für Moderne Kunst, das eines der besten und aufregendsten Deutschlands ist, untergebracht in einem schrägen, dreieckigen Bau, die pure Postmoderne. Man hat es eingeklemmt zwischen der Straßenschneise Battonnstraße, die in den 1950er-Jahren unter dem Schlagwort »autogerechte Innenstadt« konzipiert wurde, und der traditionellen Braubachstraße. Gegenüber offenbart ein Eckhaus die Schönheit der Architektur der klassischen 50er-Jahre, die sich hier in transparentem Glas und goldenen Fensterleisten manifestiert. Transparenz und Durchsichtigkeit waren ja damals das Gebot der Stunde.

Aus dem an dieser Stelle massiv zerstörten Frankfurt entstanden neue Wohnhöfe, die sich um Rasenstücke gruppierten, die als Spielplätze dienten und die immer noch mit Teppichstangen ausgestattet sind. Wer sie sieht, denkt »eher Modell Plattenbau als historisch wertvoll«, doch das Kostbare wartet im Verborgenen. Hier schützen Torbögen und Durchgänge die eine oder andere echte alte Mainsandsteinskulptur. Ein Material, das emblematisch ist für Frankfurt – siehe den Dom, siehe die Skulptur von Karl dem Großen (im Historischen Museum).

Dies ist nur der architektonische Aspekt. Was die Fahrgasse aber so umwerfend macht, ist, dass es hier noch einen Laden für Nähmaschinen gibt. Dass sich buchstäblich eine Galerie an die nächste reiht. Dass sich im Schatten der Zeil und der Altstadt eine Nische eingerichtet hat, eine Nische aus Designerläden wie dem »Affentor« und dem »Tree House«. Dass hier eines der traditionellsten italienischen Restaurants residiert, mit überschwänglichen Kellnern und drapierten Stoffservietten als ultimativer Tischkultur. Und eines der ältesten japanischen, das Mikuni, wahrlich kein Sushi-Tempel. Im Schatten des Domes fühlt sich auch der jüngste Neuzugang wohl: das YokYok von Nazim Alemdar, ein Kiosk mit gemütlichem Wohnzimmertisch in der Mitte, hunderterlei Biersorten, Kuchen und junger Kunst an den Wänden – die Fahrgasse ist ein ganz eigenes Biotop.

30

VIKTOR FELLNER

Der Bürgermeister

Karl Konstanz Viktor Fellner ist ein Held! Und das hat viel mit Frankfurts Geschichte und Tradition als freie Reichsstadt zu tun. Denn Viktor Fellner (1807–1866) war von der Ausbildung her und von Berufs wegen ein Handelskaufmann; er setzte sich in dem durch unzählige Ländergrenzen zersplitterten Deutschland mit seinen Fürsten-, Herzogtümern und Landgrafschaften für den ungehinderten Handelsverkehr, für den Wegfall der Zollschranken, für ein ökonomisch geeintes Deutschland ein, dem ein politisches folgen sollte. Aus diesem Grund engagierte er sich für den Zollverein, ein Projekt, das schon im Vormärz und während der Paulskirchen-Versammlung (s. S. 138) von 1848 erörtert wurde.

Viktor Fellner arbeitete in der Wollfirma seines Onkels, trat im Revolutionsjahr 1848 der Handelskammer als Mitglied bei, engagierte sich auch politisch und wurde im Schicksalsjahr Frankfurts zum Bürgermeister gewählt. Schicksalsjahr aus folgendem Grund: 1866 geriet die stolze Freie Reichsstadt im Deutschen Krieg (in dem sich die deutschen Kleinstaaten zu Preußen auf der einen und Österreich auf der anderen Seite schlugen, der Deutsche Bund war damit aufgehoben) unter preußische Besatzung. Und obwohl sich Frankfurt den Kriegshandlungen gegenüber neutral verhalten hatte, erlegten die preußischen Behörden der Stadt Wiedergutmachungszahlungen in einer Höhe auf, die nicht aufzubringen war.

Fellner setzte sich dafür ein, die Kontributionsforderungen durch Ratenzahlung zu begleichen, was wiederum die Ständige Bürgerrepräsentation ablehnte. Der preußische General Manteuffel verfiel daraufhin in Drohungen und forderte von Fellner als Bürgermeister eine Offenlegung mit den Namen aller Zahlungspflichtigen. Fellner weigerte sich zunächst, erkannte seine Lage als ausweglos an und brachte sich um.

Das machte ihn zum Frankfurter Helden und die Preußen zur verhassten Besatzungsmacht. Um Sympathiekundgebungen mit ihrem toten Bürgermeister zu verhindern, setzten die Preußen seine Beerdigung um 4 Uhr früh an, was die Frankfurter aber nicht davon abhielt, ihn in Scharen auf seinem letzten Weg zu begleiten. Sein Stellvertreter übergab den preußischen Autoritäten eine leere Namensliste und den Strick, mit dem sich Fellner erhängt hatte.

Diese Geschichte ist heute vielleicht in Vergessenheit geraten, aber eine Gedenktafel in der Friedberger Anlage erinnert an diesen mutigen Bürgermeister. Im Historischen Museum ist seine Totenmaske ausgestellt.

Lautes Multi-Kulti-
Techno-Reich

Frankfurt ist die Heimatstadt der Multikulturalität, doch der Flughafen setzt da noch einmal eins drauf. Man kann sich ganz herrlich fremd fühlen, wenn man dort ist, nicht nur wegen seines labyrinthartigen Aufbaus, der schon so manchen Besucher zur Verzweiflung gebracht hat, seiner endlos scheinenden Gänge, seiner grau glänzenden Nüchternheit im neuen Terminal. Sondern auch wegen seiner Gäste. Das Stadtbild Frankfurts ist reich an ausländischer Couleur, der Flughafen ist es noch viel mehr. Und er ist eine Stadt in der Stadt.

Deutschlands Tor zur Welt (solange der BER noch nicht fertiggestellt ist) ist gleichzeitig sein größter Arbeitgeber. Rund 75.000 Menschen sind hier beschäftigt. Sein Standort mitten im Stadtwald und in unmittelbarer Umgebung von bewohnten Gebieten wie Kelsterbach, Flörsheim und Mörfelden-Walldorf gab und gibt sehr häufig Anlass zu Kundgebungen und Demonstrationen. Die am meisten Aufsehen erregenden waren die Proteste gegen die neu konzipierte Startbahn West in den 1980er-Jahren, als mit einem Hüttendorf auf die Vernichtung von riesigen Waldbeständen aufmerksam gemacht werden sollte. 1987 kulminierte dieser Protest in gewalttätigen Demonstrationen, bei denen ein Polizeibeamter ums Leben kam. Die Startbahn West wurde gebaut.

Heute richtet sich der Protest gegen die Belästigung durch unablässigen Fluglärm. Ein Nachtflugverbot gilt für den Zeitraum von 23 Uhr bis 5 Uhr früh, aber Cargomaschinen betrifft das nicht und Ausnahmegenehmigungen sind ganz offenbar die Regel. Ryanair verstößt regelmäßig gegen diese Auflagen. Der vom Regierungspräsidium Darmstadt genehmigte Ausbau eines dritten Terminals verstärkte die Proteste, die sich zum Spaltpilz in der Stadtgesellschaft entwickelt haben. Denn wer möchte schon gegen die Internationalität dieser Stadt votieren, wer gegen die Arbeitsplätze? Umweltschädigungen und Belastungen durch den hohen Dezibelpegel will man aber auch nicht billigend in Kauf nehmen.

Deshalb sucht die schwarz-grüne Landesregierung mit ihrem grünen Umweltminister Tarik Al Wazir nach anderen Konzepten, z. B. bei den Lärmschutzauflagen und der Variabilität der Routenführung. Und auch die Airlines tun etwas: Sie haben leisere Fluggeräte entwickelt.

FRANKFURTER HOF

Noblesse oblige

Sicher, die architektonische Innenkonzeption des Hilton Hotels ist toll, eine Lobbyhalle bis zum Himmel. Sicher, die Wandtapeten im Foyer des Grandhotels Hessischer Hof basieren auf der exotischen Pflanzenwelt des Alexander von Humboldt. Sicher, das neue Sofitel liegt ideal zwischen Alter Oper und grünem Anlagenring. Und sicher, das Jumareih klingt so schön arabisch. Doch das Herz der gehobenen Frankfurter Hotelwelt schlägt im Frankfurter Hof.

Nicht nur, weil das Hotel aus der Kaiserzeit stammt, genau so aussieht und der Kaiser auch ein Glückwunschtelegramm zur Eröffnung geschickt hatte. Nicht nur, weil Thomas Mann es als ganz besonderes Grandhotel würdigte oder Claudio Abbado, Woody Allen, Harry Belafonte, Ernst Bloch und Joseph Beuys, Charles und Geraldine Chaplin, Margot Fonteyn, Boris Becker und Vaclav Havel, Günther Grass und Hermann Hesse, Zarah Leander und Nat King

Cole, Rudolf Nurejew, Hildegard Knef und das Callgirl Rosemarie Nittribitt dort logierten. Nicht nur, weil es zu Buchmesse-Zeiten der exklusivste und angenehmste Platz für Gespräche zu sein scheint. Die Frankfurter haben sich darauf verständigt, es zu akzeptieren und zu schätzen. Es hat Tradition, es ist teuer, es ist edel, es hat Stil. Und es hatte, als es damals im Herzen Frankfurts am Kaiserplatz 1876 eingeweiht wurde – dreiflügelig, beeindruckend elegant, mit einem arkadengesäumten Innenhof – nur einen Konkurrenten im ganzen Land: den Kaiserhof in Berlin.

Der Herausgeber der Frankfurter Zeitung, Leopold Sonnemann, gründete gemeinsam mit dem damaligen Chef des Palmengartens 1872 eine Aktiengesellschaft, um den Bau eines echten luxuriösen Grandhotels, das seiner Ansicht nach in der Stadt fehlte, voranzutreiben. Die Architekten Mylius und Bluntschli erhielten den Auftrag, das Hotel zu bauen, klassizistisch, prachtvoll, aber nicht zu prächtig. Und als es dann erst einmal stand, war es in allem das erste. Das erste mit einer Telefonleitung, das erste mit elektrischer Beleuchtung im ganzen Haus, das erste mit WLAN auf allen Zimmern.

Sicher, die Konkurrenz schläft nicht und die Frankfurter wundern sich sowieso, warum immer mehr teure Hotels in der Innenstadt entstehen. – Gibt es davon nicht schon längst genug? Ist der Markt nicht übersättigt? Wie sieht es denn mit der Auslastung aus? Wer gewinnt, wer verliert bei diesem ganzen Bauwahn? – Aber der Frankfurter Hof sticht neben ganz wenigen anderen, die man an fünf Fingern abzählen kann, heraus. Er steht nicht nur unter Denkmalschutz, sondern auch unter dem Schutz des Wohlwollens der Frankfurter.

———— ◯ ————

Frankfurt liest ein Buch

16. bis 29. April 2018

dAS SieBte kREuz

Anna Seghers

aufbau

⌃ Rund 14.000 Menschen haben 2018 an den Veranstaltungen des Lesefests teilgenommen.

… und findet es schön!

Es sei das wunderbarste und sinnvollste Lesefest Deutschlands, urteilte die Wochenzeitung Die Zeit über die Initiative »Frankfurt liest ein Buch«, die die Frankfurter Verlage Schöffling und weissbooks gemeinsam mit dem Literaturscout Lothar Ruske und der Stadt Frankfurt seit 2010 veranstalten. Und es ist tatsächlich so. Denn gelesen wird nicht irgendein Buch, das es zufällig gerade auf die Bestsellerliste geschafft hat und sowieso keine Lautsprecher mehr braucht, sondern eines, das mit der Frankfurter Geschichte verbunden ist. Das erste war »Kaiserhofstraße 13« von Valentin Senger, 2018 stand »Das siebte Kreuz« von Anna Seghers auf dem Plan.

Beides sind bekannte Werke, aber die Initiatoren haben es sich zur Aufgabe gemacht, auch unbekanntere oder in Vergessenheit geratene Autorinnen und Autoren wieder ins Rampenlicht zu rücken, so z. B. Siegfried Kracauer mit »Ginster« oder Sylvia Tennenbaum mit ihren »Straßen von gestern«. Die Autorin reiste damals hochbetagt aus den USA zu den Lesungen an, ebenso wie die einzige noch lebende Verwandte Gerti Elias zu »Grüße und Küsse an alle«, einem Roman über die Familie der Anne Frank von Mirjam Pressler.

Zwei Wochen im April widmet sich Frankfurt diesem Lesefest. Und mit immer durchschlagenderem Erfolg. Schulen besprechen das jeweilige Buch im Unterricht, es gibt Lesungen, Theateraufführungen, Diskussionen, Stadtführungen »auf den Spuren von …« und einen Lesemarathon im Schauspiel mit Prominenten aus Kultur, Politik und Wirtschaft. Die ganze Stadt ist von diesem gemeinsamen Lesen wie beseelt. Frankfurt entdeckt und vergewissert sich neu, erzählt seine Geschichte in den vielfältigsten Facetten. Das steht der Buchmessen-Stadt, die eine rege Verlagstätigkeit aufzuweisen hat, sehr gut zu Gesicht.

Wiege des kritischen Denkens

Vermutlich die bedeutsamste politisch-philosophische Bewegung in der Weimarer Republik war die sogenannte Frankfurter Schule. Frankfurt deshalb, weil sich dort das Institut für Sozialforschung befand, das der Universität angeschlossen war. 1924 wurde es von Max Horkheimer, Erich Fromm, Theodor W. Adorno, Leo Löwenthal und Herbert Marcuse gegründet, Walter Benjamin war ihm assoziiert. Ihre von einer Variante des westlichen Marxismus geformte Kritische Theorie zum gesellschaftlichen Materialismus – die nun sogenannte Frankfurter Schule – strahlte weltweit. Hunderttausende von Soziologiestudenten in aller Welt sind auch heute noch mit ihr vertraut. Ihre empirischen Forschungen untersuchten die Auswirkungen des Autoritarismus nicht nur auf die Gesellschaft, sondern auch auf die Persönlichkeit. Sigmund Freuds und Max Webers Arbeiten wurden dabei entscheidend mit einbezogen.

Unter dem Nazi-Regime wurde das sozio-politische Institut aufgelöst, die Mitglieder flohen früh und verlegten ihre Arbeit 1933 nach Genf. Später gründete Max Horkheimer das Institut als Teil der Columbia University in New York neu. Als er und Adorno nach Frankfurt zurückkehrten, bauten die US-Alliierten das Institut 1950 wieder auf, mitten in das sich neu etablierende Nachkriegsdeutschland, dem sie den Spiegel vorhielten: Wie waren diese Gräuel möglich geworden? Und wie lässt sich Politik und Kultur überhaupt neu formulieren?

Die in der Frankfurter Schule dann initiierten Diskurse zur politischen Theorie wurden 1968 von der Studentenbewegung aufgegriffen. Sie bildeten ihr gesellschaftstheoretisches Gerüst. Horkheimer, der nicht aus seinem Exil in den USA zurückgekehrte Marcuse und Adorno waren die bedeutsamsten Stimmen im Nachkriegsdeutschland. Ihre Arbeit wurde von Oskar Negt und Alexander Kluge fortgeführt.

FREIE REICHSSTADT

Woher Frankfurts Eigensinn kommt

Frankfurt war nie einem Herrn untertan. Es war nie Residenzstadt eines Fürsten, Grafen oder Regenten wie München, Berlin oder Hannover, sondern unterstand direkt dem Kaiser, und der wurde seit dem 9. Jahrhundert in seinen Stadtmauern gewählt.

790 ließ Karl der Große eine Kaiserpfalz in Frankfurt errichten, sein Sohn Ludwig der Fromme erweiterte 820 diese Pfalz zu einem Repräsentationsgebäude für wichtige politische Zusammenkünfte. Zwischen 794 und 912 kam es 25-mal zu Versammlungen der deutschen Könige, zwischen 1140 und 1250 wurden sechs deutsche Könige in Frankfurt gekürt, so viele wie in keiner anderen deutschen Stadt. Seit 1562 gar fanden die Königs- bzw. Kaiserkrönungen im Frankfurter Dom statt – zuvor war Aachen dieses Privileg erteilt worden. Maximilian II. war der erste, Franz II. 1792 der letzte in Frankfurt gekrönte Regent.

»Das Pech, was mer net hawwe, is unser Glück.«

Aus Frankfurt

Reichsstädte waren autonome Stadtgemeinden des Heiligen Römischen Reiches mit einer eigenen Gerichtsbarkeit und einigen Privilegien wie beispielsweise Selbstverwaltungsrechten. Sie unterstanden direkt dem Kaiser und nicht noch zusätzlich einem

Landesherren, bezahlten Steuern direkt an ihn und mussten ihm Heerfolge leisten. In dem in Großherzogtümer (wie Baden) und Königreiche (wie Bayern, Preußen und Württemberg) zersplitterten Deutschland markierten sie eine besondere Ungebundenheit und eine stolze Tradition. Reichsstädte waren beispielsweise auch Augsburg, Nürnberg und Rothenburg. Seit Ende des 15. Jahrhunderts waren sie im Reichsstädtekollegium vertreten, aus dem sich später der Städtetag entwickelte.

In Frankfurt sollte sich aufgrund dieses Status' und der führenden Rolle als internationale Handels- und Messestadt eine ganz besondere Stimmung herausbilden. Zehn wichtige Handelsstraßen, nicht zu vergessen der Fluss Main – durchquerten sie. Es war frei, offen, liberal – in seinen Mauern wurden Güter aus Italien und Nischni Nowgorod gelagert. Freie Reichsstadt, Ort der Kaiserwahl, wichtigste Handelsstadt auf deutschem Boden – das ist der Humus, auf dem Frankfurts Selbstbewusstsein gedeihen konnte.

FREITAGSKÜCHE

Künstler kochen

»In Berlin, da ist nichts los, Frankfurt ist Deutschlands geheime Kunstmetropole«, sagt der Künstler Michael Riedel, der zusammen mit Thomas Friemel und Christoph Ernst das Restaurant des Museums für Moderne Kunst betreibt. Und er ist natürlich,

> Künstler Marcel Walldorf und Koch Benjamin Hübner präsentieren das Nilgans-Rillette für ein »Menü aus zugezogenen Tierarten«.

wie man das bei so einem Statement erwarten darf, nicht einfach nur ein Restaurantbetreiber in einem Museum, sondern ein Hermann-Nitsch-Schüler, Absolvent der Städelschule (s. S. 31), dem die Schirn bereits eine eigene Werkschau gewidmet hat und der international die Galerien füllt und ein Kunsthaus im Ostend besetzt hielt. Auch das Restaurant im renommierten Museum für Moderner Kunst ist klarerweise nicht einfach nur ein Restaurant, sondern Kunstraum und Performance-Ort.

Und er ist der Erfinder der Freitagsküche. Diese findet tatsächlich nur freitags statt. Dann stehen auch Künstler als Gastköche neben Küchenchefs am Herd und bekochen die Gäste, die die Menü-Auswahl einen Tag vorher per Mail mitgeteilt bekommen. Die Freitagsküche liegt in der Mainzer Landstraße in der Nähe vom Güterplatz in einem leicht ramponierten Haus in einer ziemlich ramponierten Ecke, wo sich auch das Atelier von Thomas Friemel befindet. Es geht dabei vor allem um Kommunikation und um Spontaneität. Wenn sich diese Idee institutionalisieren würde, dann gäbe es sie nicht mehr … so einfach ist das.

FRIEDENSPREIS DES DEUTSCHEN BUCHHANDELS

Ein Symbol der Völkerverständigung

Die Verleihung des Friedenspreises des Deutschen Buchhandels in der Paulskirche während der Buchmesse ist die wichtigste Zeremonie im gesamten Bücherjahr. Der feierlich-politische Rahmen, den die Paulskirche als Tagungsort der ersten Nationalversammlung der deutschen Staaten 1848 vorgibt, strahlt einen ganz besonderen Symbolwert auf diese Verleihung aus. Seit 1950 gibt es den Friedenspreis, der in dem zerrütteten Nachkriegsdeutschland ein gesellschaftspolitisches Fanal zu setzen hoffte. »Die Stiftung dient dem Frieden, der Menschlichkeit und der Verständigung der Völker. Dies geschieht durch die Verleihung des Friedenspreises an eine Persönlichkeit, die in hervorragendem Maße vornehmlich durch ihre Tätigkeit auf den Gebieten der Literatur, Wissenschaft und Kunst zur Verwirklichung des Friedensgedankens beigetragen hat. Der Preisträger wird ohne Unterschied der Nation, der Rasse und des Bekenntnisses gewählt.« So lautet das Statut.

Die Wahl, die das Gremium trifft, spiegelt zeitgeschichtliche Strömungen. Die zweite glich gleich einem Fanal, denn sie fiel auf Albert Schweitzer. Über viele Preisträger wurde debattiert, gestritten; von allen wird erwartet, dass sie über ihr Werk hinaus, für das sie geehrt werden, in ihrer Rede aktuelle gesellschaftspolitische und künstlerische Themen berühren und sie in eine Vision überführen. Für das meiste Aufsehen hat wohl Martin Walsers Rede 1998 gesorgt, als er sich über die »Instrumentalisierung unserer Schande zu gegenwärtigen Zwecken« äußerte und sagte, Auschwitz dürfe nicht zur Drohroutine werden, zur Moralkeule. Später distanzierte er sich von seinen Aussagen, aber sie lösten, 53 Jahre nach Kriegsende, eine Debatte aus, die ganz Deutschland erfasste.

Viele internationale Kunstschaffende haben diesen Preis bekommen: Octavio Paz, Mario Vargas Llosa, Leopold Senghor (viel diskutiert), David Grossmann, Bouamed Samsal, David Kermani, Anselm Kiefer. Und eine, die für einen Roman geehrt wurde, den sie schon 1985 geschrieben hatte und der 1990 von Volker Schlöndorff verfilmt wurde: die Kanadierin Margret Atwood für »Report der Magd«, ein Buch, in dem sie eine gesellschaftspolitische Vision entwirft, die auch mehr als 30 Jahre nach ihrem Erscheinen an Brisanz nichts verloren hat.

FRITZ BAUER

Pate der Holocaust-Aufarbeitung

Seine Beharrlichkeit und sein Mut wären vermutlich schnell in Vergessenheit geraten, hätten sich nicht diverse Filmproduktionen seiner unbeugsamen Persönlichkeit gewidmet. Innerhalb von drei Jahren – zwischen 2014 und 2016 – kamen drei sehr gute Spielfilme in die Kinos, die sich mit dem Initiator der Auschwitz-Prozesse in Frankfurt, dem Staatsanwalt Fritz Bauer (1903–1968), beschäftigten. Wie fundamental wichtig die akribische Recherche Ende der 1950er-Jahre für die gesamte Nachkriegsgeschichte der Bundesrepublik war, wie sie ihr eine neue Richtung gab, kann man sich heute kaum mehr vorstellen. Denn in den späten Fünfzigern hatte sich die junge Republik bereits gemütlich eingerichtet zwischen Rock'n'Roll und ein paar übrig gebliebenen Trümmern. Das Wirtschaftswunder unter Ludwig Ehrhard nahm gerade Fahrt auf, während sich die Spätheimkehrer, also diejenigen, die eben erst aus russischer Kriegsgefangenschaft heimgekehrt waren, nicht zurechtfanden in dieser so schnell übertünchten Wirklichkeit.

Der Entnazifizierung waren diverse Institutionen entschlüpft und ebenso die verantwortlichen Entscheidungsträger. Bei der personellen Ausstattung von Behörden griffen die Alliierten nicht immer zur saubersten Lösung. Und so ist auch erklärbar, warum und wie viele Ressentiments und wie viel Ächtung Fritz Bauer entgegenschlugen, als er die Verantwortlichen für das Vernichtungslager Auschwitz vor Gericht stellen wollte. »Wenn ich mein Dienstzimmer verlasse, betrete ich feindliches Ausland«, sagte Fritz Bauer über sein Umfeld. In der Staatsanwaltschaft isoliert und angefeindet, fand er Unterstützung einzig beim damaligen

SPD-Ministerpräsidenten Hessens, August Zinn. Ganz offensichtlich wurde sein Engagement von der herrschenden Gesellschaft damals als Störfaktor betrachtet.

Ursprünglich forschte Fritz Bauer nach einer Möglichkeit, den in Argentinien vermuteten Adolf Eichmann in Deutschland vor ein Gericht zu bringen. Er vermittelte seine Kontakte dem israelischen Geheimdienst Mossad, und in Israel wurde Eichmann tatsächlich der Prozess gemacht, beobachtet von der jungen Hannah Arendt, deren Theorie von der »Banalität des Bösen«, die sie aufgrund dieses Prozesses entwarf, später für viel Diskussion sorgen sollte.

Für Fritz Bauer bleibt aber in dem von Nazis durchsetzten Deutschland immer noch mehr als genug zu tun. Tatsächlich kam es zu den viel beachteten Auschwitzprozessen von 1963 bis 1968 vor dem Frankfurter Schwurgericht, allerdings fielen die gefällten Urteile gegen die des Mordes an Juden im Vernichtungslager vor Gericht gestellten SS-Angehörigen sehr mild aus. Es wurden nur sechs lebenslängliche Haftstrafen ausgesprochen.

Überhaupt möglich wurde diese Urteilssprechung durch die Zeugenaussagen von 252 Juden, die den Holocaust in Auschwitz überlebt hatten. Nicht nur ihre Aussagen, auch ihre erschütternde Präsenz stellten die heimelige Nachkriegsdeutschland-Welt vehement infrage.

Eines ist ganz gewiss: Ohne den Mut von Fritz Bauer und ohne die von ihm initiierten Auschwitzprozesse hätte die politische Geschichte Deutschlands eine ganz andere Wendung genommen. Die Frage, wie es sich die eigenen Eltern im Nazideutschland eingerichtet hatten, bildete einen Pfeiler der 68er-Bewegung in der Bundesrepublik.

In Frankfurt kümmert sich das im Jahr 1995 eingerichtete Fritz Bauer Institut um Forschung, Dokumentation und Bildung zur Geschichte der nationalsozialistischen Massenverbrechen mit dem Schwerpunkt Holocaust. Es untersucht dessen Auswirkungen bis in die heutige Zeit, bietet Lesungen, Vorträge, Diskussionen, Führungen sowie Veranstaltungen für Schulen und hat seinen Sitz im IG Farben-Haus auf dem Campus Westend der Goethe-Universität.

Rund um die Welt für 177 Nationen

In Frankfurt leben 177 Nationen friedlich zusammen, und das ist keine Schönfärberei. Fremdenfeindlichkeit passt auch gar nicht zu einer Stadt, die sich seit Jahrhunderten weltoffen gibt – außerdem konzentrieren sich hier internationale Banken und Unternehmen. Etwa 21.500 der gut 111.000 bei der Industrie- und Handelskammer registrierten Firmen sind in ausländischer Hand – das ist etwa jedes fünfte Unternehmen. Die Mitarbeiter und Chefs kommen u. a. aus Polen, Japan, Korea, China, Australien, Frankreich, Südafrika, dem Iran und Russland. Der Anteil türkischer Unternehmen bleibt stabil, der der Golfstaaten nimmt in jüngster Zeit stark zu.

Man darf mit Fug und Recht behaupten, dass sich nicht alle sofort auf die hessische Küche stürzen, sofort deutsche Bücher lesen und Frankfurter Modedesigner lieben. Ein bisschen was aus der Heimat sollte die Stadt schon bieten können.

Und das kann sie ohne Weiteres. Wer will, kann sich in echte prächtige Saris kleiden (oder den Stoff dafür kaufen), bunte Klimperarmbänder in Fünfzig-Stück-Packungen erstehen oder sich, wie in den arabischen Ländern üblich, mit goldenem Handschmuck schmücken. Überhaupt locken die arabisch-indischen Schmuckgeschäfte mit Colliers und Ohrringen wie aus Tausendundeiner Nacht. Die von Perlchen und Steinen überrieselten Modelle haben selbstverständlich ihren Preis, was die Juweliere nicht davon abhält, sie trotzdem in der Auslage zu präsentieren. Vermutlich haben sie im Laden noch viel Kostbareres.

Abnehmer finden sich auch ohne Frage für die Künste des Schneiders für afghanische Männermode. Die in unergründliche Aromen gehüllten Asia-Märkte bleiben für viele, die sich nicht auskennen, ein Buch mit sieben Siegeln, während in anderen Geschäften die Auswahl an Grüntees verblüfft. Ganze Wandregale sind damit vollgestellt. Der »Taste of Britain« versorgt zuverlässig mit Lemon Curd und Plumpudding. Kekse, Reis, eingelegtes Gemüse, getrocknete Fischköpfe, Gewürze, Dattel-Geschenkpackungen mit aufgemalten Kamelen, Undurchsichtiges aus dem Kühlregal, pastellfarbene, in Puderzucker gewälzte Fruchtpasten, verzierte silberne Teekannen, Geschirrsets – all diese Produkte besänftigen Heimatgefühle und lassen beim heimischen Einkäufer Fragen und Fernweh entstehen. Welches Geheimnis steckt zum Beispiel in den afrikanischen Zahnpasten?

Im Gegensatz zum überwiegenden Teil der heimischen weiblichen Bevölkerung nennt die asiatische, arabische und karibische Damenwelt eine füllige Haarpracht ihr eigen. Bei ihnen geht es nicht so sehr um Volumen und Aufplustern, sondern um Glätten und Geschmeidig-Machen. Wer also deren Schönheitssalons betritt, was ein lohnender Ausflug ist, läuft zunächst einmal an ganzen Regalwänden voller Öl vorbei. Woraus man überhaupt Öl machen kann! Aus Argan, Aprikosenkernen, Kokos, Granatapfel und Palmfrüchten. Und für die Haarkrause braucht es ebenfalls spezielle Produkte.

Die meisten dieser Schatzkästchen befinden sich im Bahnhofsviertel, ebenso wie die ausländischen Restaurants. Besonders die Münchner Straße mit ihren Seitenstraßen ist ihr Dorado, während das Nordend mit Latino-Küche aufwartet.

In der Kaiserstraße befinden sich eine internationale und eine türkische Buchhandlung, und eine mit überwiegend russischer Literatur liegt im Ostend ganz in der Nähe der EZB. Portugiesische und brasilianische Bücher werden in der Großen Seestraße, spanische und italienische auf der Leipziger Straße verkauft, beide in Bockenheim. Man kann sich in Frankfurt also problemlos einmal um die Welt kaufen, essen, lesen!

ERNST MAY

Architekt der Moderne

Nach dem Ersten Weltkrieg lag die Welt nicht nur buchstäblich in Trümmern. Die herrschenden Gesellschaftsstrukturen waren zerschellt, neue Strömungen und Parteien festigten sich, die Sowjet-Revolution schickte ihre Vorboten in den Westen. Die Umwälzungen fanden auf der politischen Ebene statt, aber natürlich auch auf der kulturellen und sozialen. Diese Bewegungen erfassten Kunst, Architektur, Design. Und verschmolzen mit vielen weiteren künstlerischen Disziplinen – die Malerei wurde abstrakt mit Malewitsch, Konstruktivismus, Suprematismus, Joan Miró, die Musik neu mit Strawinsky, Alban Berg, Arnold Schönberg, Kurt Weill. Die gesellschaftspolitischen Turbulenzen mündeten in den Aufbruch der Moderne.

In vielen deutschen Städten musste der Wohnungsbau neu gedacht werden. Frankfurt hatte damals mit seinem Oberbürgermeister Ludwig Landmann einen handlungsfreudigen Mann an der Spitze. Er bestimmte auch über die städtische Architektur. Die Maxime: preiswerten Wohnraum zu schaffen, und vor allem viel. Zum Stadtbaurat bestimmte er 1926 Ernst May (1886–1970). Damit begann eine beispiellose Karriere. Und ein beispielloses neues Bauen. Neue Siedlungen entstanden im Niddatal, in der Römerstadt, in Praunheim und Westhausen. Es war eines der umfangreichsten Wohnungsbauprogramme in der Weimarer Republik. Zwischen 1925 und 1930 wurden 15.000 Wohnungen gebaut.

Und die neue Ästhetik? Die funktionale Gestaltung der Wohnblocks und Reihenhäuser setzte Maßstäbe bis in die Gegenwart. Sie lösten sich komplett von der sogenannten wilhelminischen Pickelhauben-Ästhetik, dem schweren Dekor, den dunklen Verzierungen, dem voluminösen Holz. Haus, Wohnung und Möbel sollten vollständig entschlackt werden, fröhlich, lebensbejahend und frisch wirken und vor allem für jeden erschwinglich sein. Der Zweck bestimmte die Form und nicht umgekehrt. Dass bei aller Zweckdienlichkeit die Augenschmeichelei nicht zu kurz käme, dafür sollte der Einsatz von Farben sorgen. Farben ersetzten Muster und das Dekor. Die Formensprache war auf das Grundvokabular der Geometrie reduziert: Würfel, Kugel, Kreis, Rechteck, Dreieck. Die Häuser leuchteten in Weiß, die Kopfbauten in Rot, die Fensterrahmen und Türen waren blau gestrichen. Auch die Zimmer wurden in unterschiedliche Farben getaucht, sogar die Küche (s. S. 124).

Dieses Projekt des »Neuen Frankfurt« ermöglichte ein Leben in Luft, Licht und Raum. Parks, Gärten und Grünanlagen umgaben die Häuser und tun es auch heute noch. Die Siedlungen gehören heute mit der Weißenhofsiedlung in Stuttgart und dem Bauhaus in Dessau zu den international beachteten Beispielen der frühen Moderne in Deutschland. Damals stießen diese Ideen allerdings nicht auf ungeteilte Gegenliebe: In Brest-Litovsk wurden die Siedlungen verspottet (der Ort, in dem der Friedensvertrag zwischen der Sowjetrepublik und den Mittelmächten 1918 geschlossen wurde), Ernst May selbst als »Mussolini der Architektur« bezeichnet, der die Menschen als Stapelware betrachte.

1930 ging der strenge Kommunist Ernst May in die Sowjetunion und plante dort – ausgestattet mit einem Team von 800 Mitarbeitern – innerhalb von drei Jahren Siedlungen für insgesamt 1,4 Millionen Menschen. 1933 bis 1945 verbrachte er in Tansania und Kenia als Kaffeefarmer und kehrte 1954 mit Plänen für Bauten einer tropischen Moderne wieder nach Deutschland zurück.

Und wohin? Nach Frankfurt. Dort saß er in dem entscheidenden Gremium für den Bau der Nordweststadt, eines Siedlungsprojekts in den 1950er-Jahren, das zehn Jahre später realisiert wurde, praktisch als Annex der Ernst-May-Siedlung in Praunheim. Nur ein, zwei Straßen gequert, und man befindet sich mittendrin in den Orten der Moderne.

EZB

Auch ein Ort der Erinnerung

Die Symbolkraft der Europäischen Zentralbank überstrahlt den Handels- und Finanzplatz Frankfurt, aber sie offenbart auch dessen fragwürdige Seite. Aus ihrer jüngsten Geschichte sind die Blockupy-Proteste nicht wegzudenken, die zur Einweihung des Neubaus der Europäischen Zentralbank im März 2015 die Stadt erschütterten. Sie waren gewalttätig und stellten die friedlichen Proteste mit mehreren Zehntausenden von Teilnehmern in der Innenstadt in den Schatten – und die ganze friedliche Bewegung, die sich zwei Jahre zuvor konstituiert hatte, sowieso.

Blockupy war eine Variante der internationalen Initiative Occupy, die 2011 als Reaktion auf die Weltmarktkrise entstand und sich als Symbol die Maske des Guy Fawkes auserkoren hatte. Sie besetzte damals wochenlang New Yorks Wall Street. Occupy wiederum verstand sich als finanzpolitische Bewegung und wollte europäische Lösungen für eine gerechtere Finanzpolitik finden – damals hatte ebendiese Krise Griechenland 2015 ins Chaos gestürzt. Die Eröffnung der neuen Niederlassung schien das geeignete Symbol.

Schon der Neubau der EZB hat eine Protestgeschichte hinter sich, die allerdings einen denkmalschützenden Aspekt hatte. Die beiden Türme des auch im Nebel glitzernden Gebäudes nämlich stehen auf dem Gelände der ehemaligen Großmarkthalle, und diese »Gemüsekathedrale« war 1928 vom berühmten Architekten Martin Elsässer entworfen worden und galt als Symbol des »Neuen Frankfurt« (s. Ernst May S. 80). Überhaupt war dieses ganze Ostend

> Während der Luminale 2016 war auch das EZB-Gebäude Teil einer Lichtinstallation.

Arbeiterbezirk: Seifensiedereien, Osthafen, Großmarkthalle, die Schleifmittelfabrik Naxos. Wie passte da so ein Klotz hinein? Ein solcher Vertreter der Finanzpolitik? Was hatte er mit diesem Viertel zu schaffen? Die Befürchtung, dieses ehedem besonders atmosphärische Viertel könne der Gentrifizierung zum Opfer fallen, erfüllt sich immer mehr. Die neu entstandenen Wohnviertel mit Mainblick richten sich an Mieter mit gut gefülltem Geldbeutel.

Trotzdem: Die EZB auf einer Führung kennenzulernen, ist ein Gewinn. Die Großmarkthalle wurde nicht abgerissen, sondern als Kongresszentrum und Museum integriert und umgedeutet. 300 Kunstwerke hat die EZB für ihr neues, architektonisch großartiges Haus aus Klinkersteinen, Glas und Metall erworben, und zwar ganz besondere und sehr bedeutende. Und sie macht auf eine historische Tatsache aufmerksam, die über Jahrzehnte hinweg in der Stadt unbeachtet geblieben war. Unterhalb der Großmarkthalle und im Bereich des Osthafens, der über Gleise und eine direkte Anbindung zum Hauptbahnhof verfügt, wurde die jüdische Bevölkerung unter der Nazi-Diktatur zum Sammeltransport in die Konzentrationslager zusammengetrieben. An dieser Stelle entstand eine Gedenkstätte. Auch außerhalb der EZB erinnern in den Plattenbelag des Bodens eingelassene Worttafeln an dieses Verbrechen.

FLIEGENDE VOLKSBÜHNE MICHAEL QUAST

Wo die Ideen fliegen

Brauchen wir eine Volksbühne? Eindeutig JA!, wenn die Volksbühne so ist wie die von Michael Quast. Der Schauspieler, Regisseur, Kabarettist und Theaterintendant der »Fliegenden Volksbühne« (fliegend, weil zurzeit ohne feste Bleibe) entdeckt in des Volkes Stimme nämlich kluge Subversion gegen die Mächtigen und Herrschenden – und genau so inszeniert er auch seine Theaterstücke. Er zeigt sie als Spiegel der herrschenden Verhältnisse, ganz in der Tradition des Frankfurter Mundartdichters Friedrich Stoltze (s. S. 165), der 1813 in die Frankfurter Altstadt als Wirtshaussohn hineingeboren wurde und in der Gaststube viele Gespräche belauschte – dort verkehrten Liberale, Demokraten und Revolutionäre des Vormärz. Diese Ideen – echter Liberalismus, Demokratie, Pressefreiheit, Toleranz der jüdischen Bevölkerung gegenüber – bildeten die Folie für seine satirische Wochenschrift »Die Latern«, und sie bilden auch den Hintergrund für die Arbeit, wie Michael Quast sie zeigt.

Bei ihm kommen die Stücke von Molière in hessischer Mundart auf die Bühne, und das ist so witzig, pfiffig, bös und charmant zugleich, dass die Festivalserie, in der er sie präsentiert – »Barock am Main« nämlich –, einer der tragenden Pfeiler in der sommerlichen Open-Air-Theatersaison der Stadt ist.

Hier heißt George Dandin »Schorsch Dandin« und im »Madame, isch drück's net länger runter« hört man die Liebesworte des »Menschenfeind«. Es ist einfach bezaubernd. Kostüme und Bühne könnten barocker nicht sein, mit einer heftigen Tendenz zur übertreibenden Farce. Und das ist die Kunst des Michael Quast: In diesen Texten, die immerhin fast 400 Jahre alt sind, das Allgemeingültige, das Heutige aufschimmern zu lassen, ohne in eine gefällige Aktualisierung zu verfallen.

Einzig mit den Mitteln der rotzfrechen Volkssprache, des Dialekts, kommen uns diese Stücke plötzlich ganz nah. Ebenso wie »Horribilis von Huckevoll« des deutschen Barockdichters Andreas Gryphius, den er, ohne dass nur ein einziges Wort dazu fällt oder ein Bild provoziert wird, in die Nähe von Donald Trump rückt.

Das Festival »Barock am Main« ist nur eine der vielen Kostproben des umwerfend sympathischen, klugen Allround-Könners. Michael Quast inszeniert auch am Frankfurter Schauspiel, für das Stalburg-Theater oder entwirft Revuen und Kurzfassungen von Opern und Operetten, die provokanter und amüsanter kaum ausfallen könnten.

Wo die Arbeiter wohnen

Gartenstadt – hört sich schön an! Eine Stadt voller Gärten? Gemeint ist allerdings etwas anderes, nämlich die Stadt im Grünen. Gartenstädte galten in den 1920er-Jahren als wohnungspolitisches Konzept ersten Ranges, um Städte, deren Bevölkerung infolge der wachsenden Industrialisierung anwuchs, mit ausreichendem Wohnraum zu versorgen. Und der konnte nur außerhalb des Zentrums gefunden werden. Die zahlreichen neuen Arbeitsplätze, die in der Industrie und in Fabriken entstanden waren, forderten zudem eine rasche Lösung, um das Wohnungsproblem in den Griff zu bekommen. Ernst May importierte die Idee einer Gartenstadt aus England, also die Dezentralisierung des städtischen Nukleus. In Breslau baute er die Prototypen – und das brachte ihm in Frankfurt das Amt des Stadtbaurats ein (s. S. 80).

In Essen entstand die Margarethensiedlung, in Stuttgart die Weissenhofsiedlung. In Frankfurt kamen u. a. Zeilsheim, Sindlingen und Zeppelinheim hinzu. Die ersten beiden nahmen die Arbeiter der Anilinfabrik, später Hoechst AG, auf. Zeppelinheim wurde für alle gebaut, die mit der Konstruktion der Luftschiffe zu tun hatten, und liegt in der Nähe des heutigen Flughafens.

Wenn man durch die ab 1900 gebaute Arbeitersiedlung in Zeilsheim spaziert, die unter Denkmalschutz steht, fällt ins Auge, wie großzügig und mieterfreundlich diese Häuser konzipiert sind – für die damalige Zeit. Es handelt sich um freistehende Ein- und Zweifamilienhäuser, die drei bis fünf Zimmer boten, eine Küche und einen kleinen Stall. Jedes Haus hatte einen 250 Quadratmeter großen Nutzgarten und drei Obstbäume. Die Werkswohnsiedlung lag selbst im Grünen und wurde durch kleine Parks und Gartenflächen gerahmt. Insgesamt ein idyllisches Bild.

Eines jedoch wurde nicht einkalkuliert: das Automobil. Und so haben die heutigen Bewohner der Häuser auch eher Interesse an einer Garage oder einem Stellplatz als an einem Garten, und von den Obstbäumen sieht man auch nicht mehr sehr viele.

Das benachbarte Sindlingen, das sich mit Zeilsheim einen S-Bahn-hof teilt, bekam ab 1920 auch eine durchkomponierte Siedlung für die Hoechst-Mitarbeiter, allerdings keine Gartenstadt. Und auch Zeppelinheim, das zu Neu-Isenburg gehört, hat Gartenstadt-Cha-rakter – und besonders wird es durch das Zeppelinmuseum.

GERBERMÜHLE

Vom Eise befreit sind Strom und Bäche

Am Ostersonntag hat Frankfurt einen Termin. Ganze Scharen spa-zieren dann übers idyllische, von Nilgänsen bewachte Flussufer, an traditionellen Ruderclubs und Kleingartenanlagen vorbei. Und das hat einen Grund: Goethes Osterspaziergang bzw. die Schilderung eines Spaziergangs zum Wasserhof, der in »Faust« geschildert wird, könnte, ja, soll hier verlaufen sein. Bestimmt war es so, dass der Herr Doktor genau diese Strecke vor Augen hatte, als er den »Osterspa-ziergang« schrieb. Nur logisch also, dass man sich dann am Oster-sonntag auf den Weg macht.

Zur Gerbermühle zog es tatsächlich Frankfurts berühmtestes Stadt-kind, allerdings in eher vorgerücktem Alter, was ihn nicht davon abhielt, eine Freundschaft mit der jungen Marianne von Willemer zu schließen. Deren Ziehvater August von Willemer gehörte die Gerbermühle, und er war ein Freund des Dichters. Goethe feierte hier seinen 65. Geburtstag.

Heute präsentiert sich die Mühle als Designhotel mit Restaurant, aber auch mit einem geräumigen Apfelweingarten. Den muss sie auch haben, denn er ist ständig voll. Er könnte eigentlich noch viel größer sein. Die Schiffe der Ausflugsdampfer-Primus-Linie haben hier eine eigene Haltestelle. Und als ob es noch nötig wäre, macht ihn als Ausflugsziel zusätzlich attraktiv, dass hier das lustige »Ich«-Denkmal von Hans Traxler steht, ein klassizistischer Sandsteinsockel mit einem eingravierten Ich (s. S. 140), den jeder besteigen mag, der will … und schon ist man selbst ein Denkmal.

Die Gerbermühle ist im wörtlichen Sinne ein Urgestein der Stadt. Bereits für den Anfang des 15. Jahrhunderts ist ihre Existenz als Wassermühle und Bestandteil eines landwirtschaftlichen Hofguts verbürgt, das sich zwischen Frankfurt und Offenbach ausdehnte. Offenbach übrigens beruft sich auf den Namen der Frankfurter Familie Ovebach, die dieses Gut besaß.

Über mehrere Eigentümer, darunter auch das Erzbistum Mainz, gelangte es in den Besitz der Familie von Willemer, die es als Sommerhaus ausstattete. Und damit einer besonderen Mode folgte. Denn im frühen 19. Jahrhundert leisteten sich die wohlhabenden Familien Gärten und Sommerhäuser im unmittelbaren Umkreis der Stadt, wovon Frankfurt bis heute profitiert, denn viele wurden später in öffentliche Parks umgewandelt (s. S. 159).

JOHANN WOLFGANG GOETHE

Der goldene Hahn im Sonnenschein

Der junge Geheimrat (1749–1832) war ein wahrhaft lustiges Kerlchen! Einer Anekdote zufolge schmetterte er, als die Eltern nicht zu Hause waren, das Tischgeschirr des familiären Haushalts munter auf die Straße, und das mit wachsendem Vergnügen. Zuerst kam das Puppengeschirr dran, das die Eltern ihren Kindern vom Töpfermarkt mitgebracht hatten, dann das normale, und das schlug noch viel schöner und lauter auf. Da die Nachbarn, die Familie Ochsenstein, dem Kleinen zujubelten, sah er keinen Anlass, mit dem Gelärm aufzuhören. Schließlich bekam er dafür ja Applaus!

Der junge Mann schien sowieso nicht von Selbstzweifeln angekränkelt gewesen zu sein, zumindest möchte er dieses Bild in »Dichtung und Wahrheit«, seinen Lebenserinnerungen, die er mit 60 Lebensjahren verfasst hat, erwecken.

»Am 28. August 1749, mittags mit dem Glockenschlage zwölf, kam ich in Frankfurt am Main auf die Welt. Die Konstellation war glücklich; die Sonne stand im Zeichen der Jungfrau und kulminierte für den Tag; Jupiter und Venus blickten sie freundlich an …«

Mitnichten kam er um 12 Uhr mittags auf die Welt, und auch gab es in dieser Nacht keinen Vollmond, wie er später behauptete. Aber wem ist es um den Wahrheitsgehalt zu tun, wenn es um dessen poetische Übersetzung durch den Dichterfürsten höchstpersönlich geht? Und so haben wir einen kleinen Frankfurter Bürger, Enkel eines Stadtschultheißen, Sohn eines gut bestallten Juristen und Reisenden, der einer Arbeit nicht nachgehen musste, und einer fröhlichen Mama, die ihrem Sohn pro Tag drei Garnituren Klei-

Im November 2017 ist der goldene Briggegickel, den Goethe so schätzte, auf die Alte Brücke zurückgekehrt.

dung vorbereiten ließ: eine für das Haus, eine für den gewöhnlichen Ausgang und eine für den gesellschaftlichen Ausgang, wozu auch ein kleiner Degen gehörte und natürlich Seidenstrümpfe. Mag die Texte deuten, wer will.

»Am liebsten spazierte ich auf der großen Mainbrücke. Ihre Länge, ihre Festigkeit, ihr gutes Aussehen machte sie zu einem bemerkenswerten Bauwerk (...) Der schöne Fluß auf- und abwärts zog meine Blicke nach sich; und wenn auf dem Brückenkreuz der goldene Hahn im Sonnenschein glänzte, so war es mir immer eine erfreuliche Empfindung. «

Johann Wolfgang Goethe, Dichtung und Wahrheit

Frankfurt war für die damalige Zeit keine moderne Stadt, die großen Alleen waren noch nicht erfunden; aber es war eine bedeutende Handelsstadt, in der etwa 30.000 Menschen lebten. Das Haus der Familie Goethe stand im Hirschgraben, an einer Stelle, wo sich früher tatsächlich einmal ein Hirschgehege befunden haben soll. Die Zeit hatte es nun in die Innenstadt geschoben, hinter den Roßmarkt, der ebenfalls einmal ein Pferdemarkt gewesen war. Die Altstadt schloss sich an, eine verwinkelte, enggassige Gegend mit zahlreichen Handwerksbetrieben, Metzgereien, Bäckereien, Schmieden, Plätzen, Brunnen und Türmen, die Goethe junior häufig durchstreifte. Auch das jüdische Ghetto suchte er oft auf, sprach Hebräisch und Jiddisch, und auf den Wallanlagen promenierte er. Da sein Opa Stadtschultheiß war, der höchste Justizbeamte der Stadt also, und Zugang zum Römer hatte, lud er seine Spielkameraden ein, sich den Kaisersaal anzusehen. Das war natürlich ein großes Privileg, mit dem er gut Eindruck machen konnte.

Zum Studium der Jurisprudenz ging er nach Leipzig, jedoch ohne abzuschließen und einen Titel zu erringen: Er erkrankte schwer. Das brachte ihn wieder zurück nach Frankfurt und zu einem Arzt des Herrnhuter Kreises, der ihn mit einem besonderen Salz heilen konnte. Dieser schwierigen Periode entstammte sein Interesse für die Alchimie, die Kabbalistik und die Magie, geheime Wissenschaften, die später in seinen »Faust« einfließen sollten. Doch zunächst einmal schrieb er den »Götz von Berlichingen« und landete damit einen unerwartet großen Erfolg – er war 26 Jahre alt.

Bis zu seinem Weggang nach Weimar in die Dienste des Fürsten Karl August von Sachsen-Weimar-Eisenach schrieb er zahlreiche Dramen und Lyrik, darunter seinen »Prometheus«, den »Clavigo« und die »Stella«. In Frankfurt noch verliebte er sich unglücklich in die Bankierstochter Lilli – zu einer Heirat kam es jedoch nicht. »Aller Zwang ist ihm zuwider«, urteilte ein Juristenkollege über Goethe.

Besuche führten ihn nur noch sporadisch in seine Heimatstadt, die letzten sind für die Jahre 1814 und 1815 überliefert, als er seinen Freund, den Bankier Johann Jakob von Willemer, in der Gerbermühle (s. S. 87) traf. Der lebte mit seiner Ziehtochter Marianne in offener Ehe, und der 65 Jahre alte Goethe begann ebenfalls eine Beziehung zu der 19-Jährigen. Ein »lyrischer Wechselgesang« und ein »literarisches Rollenspiel der Liebe« hatten zwischen ihnen stattgefunden, festgehalten im »West-östlichen Diwan«, wobei einige der dort enthaltenen Gedichte auch von Marianne von Willemer stammen, wie sie später verriet. Diese Beziehung blieb nur eine Episode; zu Hause in Weimar starb seine Ehefrau Christiane Vulpius im Jahr 1816, im Jahr darauf wurde er zum Staatsminister des Herzogtums ernannt. Nach Frankfurt kehrte er nie mehr zurück.

Vom Häuserkampf und der Geschichte vom Wohnen für alle

Gentrifizierung ist ein böses Schlagwort, aber leider eines, das immer häufiger zutrifft, obwohl es in der Politik auf wenig Akzeptanz stößt. Die Stadtgesellschaft jedenfalls ist zunehmend verstört über die schleichende Eindimensionalität ihres Frankfurt, das sich (bzw. die Stadtregierung) in immer größerem Maße sogenannten Zwängen von Investoren unterwirft. »Bezahlbarer Wohnraum für alle«, schreiben zwar die politischen Parteien in ihr Wahlkampfprogramm, aber das bedeutet nicht immer dessen Verwirklichung.

Gentrifizierung bedeutet Verdrängung – und die ist schon lange im Gang. Begonnen hat alles mit dem legendären Häuserkampf Anfang der 1970er-Jahre. Damals hatte der SPD Stadtbaudezernent Eberhard Haverkampff einen sogenannten Fünf-Finger-Plan zur Neuordnung des Stadtgefüges wegen des wachsenden Grundstücksbedarfs der Finanzdienstleister erarbeitet – und ausgerechnet das Westend mit einbezogen. Das vornehme Westend war vor dem Zweiten Weltkrieg das elegante Refugium der wohlhabenderen jüdischen Bevölkerung. Deren nun zumeist leer stehende und leicht verwahrloste, aber schöne Villen sollten abgerissen und neu bebaut werden. Allein dieser historische Zusammenhang empörte, öffnete er doch der Grundstücksspekulation Tür und Tor. Obendrein waren einige der so lange unbeachtet gebliebenen Häuser von Studenten besetzt worden, bislang mit mehr oder weniger öffentlicher Duldung. Dagegen richteten sich nun die Proteste, die teilweise gewalttätige Ausmaße erreichten.

Das Westend heute: umgewandelt. Die Altbauvillen sind kostbar restauriert und teils normal bewohnt, häufig sind aber Anwaltskanzleien und Arztpraxen eingezogen.

Seit einiger Zeit ist das Nordend in den Fokus dieser Entwicklung gerückt, obwohl hier keine Banken oder Firmensitze unterzubringen wären. Hier befanden sich zuvor auch keine Villen, sondern Altbauten meist aus den Anfängen des 20. Jahrhunderts, Wohnraum für besser Verdienende, meist ohne eigenes Bad. Wenn, dann gab es ein Frankfurter Bad, eine Art winzige Badenische hinter der Küche. Trotzdem waren diese Wohnungen schön: großzügig geschnitten, Stuck an den Decken, Holzflügeltüren.

Aber begehrt waren sie nicht. Denn in den 1970er-Jahren wählten die Frankfurter lieber einen unkomplizierten Neubau oder zogen in den Taunus. Für Wohngemeinschaften indes waren diese Wohnungen ideal; oft gab es ähnlich große Zimmer, und preiswert war dieser Wohnraum auch, man musste ihn nur renovieren. Das Nordend wurde ihre Hochburg. Eine passende Infrastruktur bildete sich heraus, Kneipen, kleine Lokale, Theater, Kinderläden, alternative Lebensmittelhandlungen und Cafés, linke Buchhandlungen. Dieser schöne selbst geschaffene Mikrokosmos weckte leider erneut Begehrlichkeiten. Die Taunusbewohner entdeckten, dass die ewige Pendelei zwischen Arbeits- und Schlafort nervte und so eine Altbauwohnung – jetzt restauriert und in eine Infrastruktur gebettet – auch ihre Vorteile hat. Wohngemeinschaften lösten sich auf, die Mietverträge wurden weitergegeben oder nicht verlängert, und plötzlich entdeckte so mancher Vermieter, welch Goldgrube er nun zur Verfügung hatte. Wohlbestallte Mieter zogen ein – und viele ehemalige Wohngemeinschaftsmitglieder, jetzt in Lohn und Brot, waren nun auch nicht mehr so arm, dass sie sich einen gestiegenen Mietzins oder ihre Mietwohnung zu kaufen nicht hätten leisten können.

Die Folge: Die Struktur des Nordend löste sich auf. Heute gibt es dort keinen einzigen Schuster mehr, dafür jede Menge Kleider- und Wohnaccessoires-Boutiquen, »Feine-Tante-Emma-Läden«, eben das, was die neue Klientel nun so braucht.

Es sind nicht nur das Nord- oder das Westend – jetzt rückt dem traditionellen Arbeiterviertel Gallus mit seinen Klinkersteinbauten und seinem gefühlt 90-prozentigen Ausländeranteil das neue Europaviertel zu Leibe und im Hinterhof des Hauptbahnhofs entsteht ein Wohnturm, in dem vermutlich die teuersten Mieten Frankfurts verlangt werden (s. S. 36). Ist das Gentrifizierung? Eindeutig ja.

(s. S. 36)

SUSETTE GONTARD

Die schöne Muse von Hölderlin

Ihre zarte Schönheit kann man im Liebieghaus bewundern. Dort steht eine Marmorbüste der Susette Gontard, einer reichen Frankfurter Kaufmannsgattin, die als »Diotima« in Hölderlins »Hyperion« in die Literaturgeschichte einging.

Zwischen der jungen Dame aus wohlbetuchtem Haus und dem Dichter entspann sich eine Liebesgeschichte, die 1796 damit begann, dass Hölderlin als Hauslehrer für ihre vier Kinder engagiert wurde. Damals war Susette 23 Jahre alt, Hölderlin 26. Sie verliebten sich ineinander, davon geben zahlreiche erhaltene Briefe Auskunft. Als ihr Verhältnis bekannt wurde, das in manchen Interpretationen als rein platonisch und schwärmerisch dargestellt wurde, in anderen etwas handfester erscheint, entließ Gontard Hölderlin.

Der ließ sich im 13 Kilometer entfernten Bad Homburg bei seinem Freund Isaac von Sinclair nieder und versuchte mit seiner schriftstellerischen Tätigkeit seinen Unterhalt zu bestreiten. Die von ihrem

Mann überwachte Susette Gontard und er versuchten, sich unter Schwierigkeiten zu treffen. Doch diese unglückliche Liebe fand keinen Ausweg. Susette Gontard verstarb mit nur 33 Jahren.

Von ihr blieb diese Büste – und von der Liebesgeschichte der Hölderlin-Pfad zwischen Bad Homburg und Frankfurt, der im Frankfurter Nordend, ihrem Wohnort, beginnt und am Landgrafenschloss in Bad Homburg endet, wo der Lyriker später als Bibliothekar arbeitete. Ob Hölderlin genau diesen Weg einschlug, um Susette Gontard zu treffen?

48

GRIE SOSS

Frankfurts Grüne Soße – ein Beitrag zum gesünderen Essen

Gut und modern essen heißt längst nicht mehr Sushi, sondern regional. Und mit der Wiederentdeckung von heimischen Mahlzeiten aus in der Region angebauten Zutaten feiert auch die Grie Soß einen neuen Höhenflug. Obwohl – populär war sie bei Frankfurtern und Hessen schon immer. Davon zeugt das Grüne-Soße-Denkmal in Oberrad, dem klassischen Anbaugebiet für die Kräuter, die in die Soße gerührt werden. Um die Popularität so richtig ins Licht der Öffentlichkeit zu rücken, wird die Soße mit einem eigenen Fest gefeiert, in dessen Verlauf Köche aus Frankfurter Restaurants und Catering-Betrieben ihre Kreationen zur Disposition stellen. Der erste Platz bei diesem »Grüne Soße Festival« ist ziemlich begehrt, bedeutet er doch mehr Kundschaft. Und er ist nicht unerheblich in der öffentlichen Wahrnehmung.

Egal, was man von den kulinarischen Feinheiten Frankfurts hält, ob man sich zum Liebhaber von Handkäs, Apfelwein, Schäufele, Blut- und Leberwurst mit Schlachtplatte auf windelweich gekochtem Sauerkraut entwickelt oder nicht, die Grüne Soße muss sich keinerlei Anfechtungen gefallen lassen. Sie hat es in viele Kochbücher geschafft und schmeckt frisch und gesund. Sogar Goethes Mutter Aja Textor soll sie zubereitet haben, was aber eine Mär ist.

Die Frankfurter Grüne Soße (die gar kein Eigengewächs, sondern die Variation eines französischen Rezeptes sein soll – was sein kann, aber nicht muss – Frankreich schließlich gilt seit Urzeiten als kulturelles und kulinarisches Vorbild) besteht aus den sieben frisch geschnittenen und gehackten Kräutern Petersilie, Sauerampfer, Schnittlauch, Borretsch, Pimpernelle, Kresse und Kerbel, die Soße aus einer Mischung aus Schmand, Dickmilch, einem Spritzer Zitrone und eventuell etwas Mayonnaise. Diese Mischung variiert je nach persönlichem Geschmack, manche nehmen auch saure Sahne dazu. Man kann sie anreichern mit einer Spur Zwiebeln und kleingehacktem Ei. In Frankfurt isst man sie zu Pellkartoffeln und hartgekochten Eiern oder zu in Bouillon gekochter Ochsenbrust.

Die Kräuter muss man nicht selbst sammeln, es gibt sie fertig abgepackt bei Obst- und Gemüsehändlern und auf Märkten zu kaufen. Mittlerweile sind sie fast das gesamte Jahr über erhältlich, was für ihre Internationalität spricht, aber dann muss es sich um Treibhausware handeln oder um Thailand-Importe … ganz stilecht ist das nicht.

Saison hat die Grüne Soße von Frühling bis Herbst. Und im Winter leuchtet das Grüne-Soße-Denkmal, das aus pyramidenförmigen kleinen Glashäusern besteht (eines für jedes Kraut), ganz besonders schön und weckt die Vorfreude auf die nächste Saison.

———————◯———————

> Die Frankfurter essen ihre Grüne Soße am liebsten mit Pellkartoffeln und hartgekochten Eiern.

GRÖSSENWAHN

Des Nordendlers liebste Kneipe

Kommunen, Wohngemeinschaften, Kinderläden, Biogeschäfte – das Nordend war mal voll davon. Was es brauchte: eine Kneipe. Es gab alternative Kellerdiscos in Studentenwohnheimen und im Gallus, es entstanden eigene Theater von Gastarbeiterkindern, aber es brauchte Plätze, um sich zu treffen, eigene Plätze. Nichts gegen die Wieland-Stubb, das Mentz, das Eppstein-Eck, den Pizza-Peter oder das Dionysos, die auch toll waren.

Seit 1978 hat Frankfurt nun etwas Eigenes: das »Größenwahn«, das erste wahre Szene-Restaurant der Stadt, entstanden in einer Zeit, als »Szene« noch kein inflationär gebrauchter und deswegen nichtssagender Begriff war. Mitten im Nordend gab es also einen schönen Treffpunkt mit sehr gutem Essen von Anfang an. Und von Anfang an mit starker politischer Aussage: Der Betreiber Hans-Peter Hoogen ist einer der wichtigsten und ersten Vorkämpfer für die Schwulenbewegung, unermüdlich im Einsatz für deren Anerkennung und Würdigung, mittlerweile Träger des Hessischen Verdienstordens am Bande.

Die Welt soll wärmer und weiblicher werden, lautet die politische Forderung des »Größenwahn«, und das mediterran angehauchte Essen und die Menüs sind auch nach 30 Jahren immer noch günstig und toll. Das »Größenwahn« ist nach wie vor noch der absolut sympathische und charmante Treffpunkt, der es von Anfang an war, kunst- und künstleraffin, mit vielen kleinen Ausstellungen … und es ist immer noch rammelvoll.

GRÜNGÜRTEL

Deutschlands schönster Wanderweg in der Stadt

Mit Frankfurt verbindet man allgemeinhin die Skyline, die Banken, die EZB, Baustellen, den Flughafen. Wer hat im Kopf, dass Frankfurt auch beim Stichwort grün Avantgarde sein würde? Aber so ist es. Sein GrünGürtel wurde kürzlich zu Deutschlands schönstem Wanderweg gekürt.

Die Entscheidung, die Stadt mit einem Band aus Parks, Dünen und Wäldern zu umgürten, fasste die damalige rot-grüne Stadtregierung unter Andreas von Schoeler und dem Umweltdezernenten der Grünen, Tom Königs, im Jahr 1991. Damit spielte Frankfurt Vorreiter; mittlerweile sind weitere Städte diesem Beispiel gefolgt. Dünen (Schwanheimer Düne), Wälder (Stadtwald), Riedlandschaft (Enkheim) und Flussauen (Nidda) wurden zu einem Gürtel rund um die Stadtfläche geschlungen, der mittlerweile auf 62,5 Kilometer angelegt worden ist. Da er unter Landschaftsschutz steht – auch mehrere Wasserparks sind integriert –, darf er nicht bebaut werden.

Da kann man als Frankfurter gleich mal in Jubel ausbrechen. Denn an welcher Ecke wird in der Stadt nicht gerade neu gebaut oder renoviert, werden Straßenbeläge ausgebessert und U-Bahn-Gleise neu verlegt? Und so hat sich dieser GrünGürtel zum beliebtesten Erholungsgebiet entwickelt. Auch, weil er sich in so vielen unterschiedlichen Landschaftstypen entfaltet, die man ohne diese Addierung eventuell gar nicht so klar vor Augen hätte. Ihn zu erobern, dafür stehen zwei Möglichkeiten zur Verfügung: per pedes oder per Rad, wobei die Streckenführung unterschiedlich sein kann. Was beide eint, ist ein Punktepass für das Absolvieren einzelner Etappen, den man sich an bestimmten Stellen abstempeln lassen kann.

Was dieses grüne Band zusätzlich auszeichnet, ist die tatkräftige Unterstützung durch die Frankfurter Neue Schule (s. S. 140), durch das Titanic-Team Hans Traxler, Robert Gernhardt und F. K. Waechter. Der Lyriker Robert Gernhardt schuf mit dem putzigen GrünGürteltier, einem Mischling aus Schweinchen, Molch und Star, dem dasipus frankonia, das Symbol, anzutreffen (in Bronze gegossen) beim Tower Bonames, im Waldspielpark Schwanheim und versteckt beim MainÄpplerhaus auf dem Lohrberg (s. S. 178). Seine Population hat sich auch bis zum Tiroler Weiher ausgeweitet, ist am Berger Quellenwanderweg und dem Sossenheimer Streuobstpfad anzutreffen. Hans Traxler steuerte das Ich-Denkmal bei der Gerbermühle in Sachsenhausen bei, einen klassizistischen Sandsteinsockel mit kupfernen Einlegebuchstaben, auf den sich jeder stellen kann, F. K. Waechter wiederum witzig skurrile Naturdenkmale. Ausgeschildert ist der GrünGürtel aber natürlich – mit seinem einzigartigen GrünGürteltier.

BERNHARD GRZIMEK

Der Tierschützer und der Frankfurter Zoo

Wenn es jemanden gäbe, der den Titel Elder Statesman des Tierschutzes hätte tragen dürfen, dann hätte es wohl Dr. Bernhard Grzimek (1909–1987) verdient, der studierte Tierarzt, Verhaltensforscher, Buchautor, ehemalige Leiter des Frankfurter Zoos und Filmemacher, dessen Dokumentarfilm »Serengeti darf nicht sterben« über den tansanischen Nationalpark 1959 den ersten Oscar für Deutschland nach der Nazi-Zeit bekam. Unzählige andere Preise heimste er in seiner Karriere für seine Verdienste ein, und er gründete unter anderem 1975 zusammen mit Horst Stern den viel beachteten Bund für Umwelt und Naturschutz BUND.

Ältere Fernsehzuschauer werden sich vielleicht noch daran erinnern, wie er Schimpansen neben sich auf den Moderationstisch seiner populären Fernsehsendung »Ein Platz für Tiere« setzte und über sie sprach, als wären sie menschliche Wesen – eine Sichtweise, der die Vermarktung der wilden Tiere in zoologischen Gärten damals Hohn sprach. Er setzte sich tatsächlich für die artgerechtere Haltung von Wildtieren in den Zoologischen Gärten ein, denn für ihn war die Unterbringung dort oft die einzige Möglichkeit, die Wildtiere Afrikas vor der Ausrottung durch Großwildjäger zu schützen und ihren Bestand zu sichern. Aus diesem Grund unternahm er zahlreiche Forschungsreisen in afrikanische Länder – die Tiere sollten in ihrer natürlichen Umgebung beobachtet werden, um die Gehege besser ausstatten zu können.

Und das hat man ja tatsächlich von ihm gelernt: dass nämlich Tiere, die man einsperrt, ein Habitat beanspruchen, eine ihrer natürlichen Umgebung nachgeformte Welt, nicht irgendwelche Ställe oder gar Boxen oder Plastikgehege. Trotzdem bleibt da natürlich immer ein Widerspruch; aber dieses Thema überhaupt zu einem gemacht zu haben, ist das Verdienst von Bernhard Grzimek. Vermutlich ist er der einzige Zoodirektor der Welt, der einen derart hohen Popularitätsgrad erreicht hat, was den Frankfurter Zoo gleich mit ins Rampenlicht zog.

Denn auch das ist ihm zu verdanken: Der Zoo sollte nämlich beim Wiederaufbau nach dem Zweiten Weltkrieg an den Rand der Stadt verlegt werden. Grzimek setzte sich vehement für den Verbleib an seinem ursprünglichen Standort, dem Ostend, ein. Und da befindet er sich bis heute, fast mitten in der Stadt, was seiner Popularität ja nur guttun kann, und fühlt sich dort der naturschützenden Tradition seines berühmten Gründers verpflichtet.

In den Wolken

Wer ihn nicht kannte, macht vielleicht nicht so viel Aufhebens darum, schließlich steht er ja jetzt wieder da, an derselben Stelle wie vorher, und so ganz unähnlich ist die Kopie auch nicht. Aber …

… wer das Drehrestaurant oben im Henninger Turm, eine ungeheure Attraktion in den 1960er-Jahren, nicht kannte und auch nicht den leicht penetranten, stetigen Hopfenduft aus der Henninger Brauerei in seinem Sockel, die goldenen Kessel, die hinter transparenten Glasscheiben leuchteten, der kann nicht ermessen, welchen Aufruhr es 2012 auslöste zu erfahren, dass der Turm durch einen Wohnturm und der charakteristische Trommelkorb auf dem letzten Geschoss, Sitz des einst berühmten Drehrestaurants, durch Penthouse-Wohnungen, die exklusiv in die Luft stoßen sollten, ersetzt werden sollten.

Gewiss, zu diesem Zeitpunkt war dieses architektonische Juwel schon seit zehn Jahren geschlossen; zum Schluss ging auch keiner mehr hin, die Käse-Sahne-Torten stammten aus dem Tiefkühlfach und das einst mit 112 Meter Höhe höchste Gebäude der Stadt machte nur noch als Start- und Endpunkt des Radrennens am 1. Mai »Rund um den Henninger Turm« und als Austragungsort für Treppensteiger-Wettbewerbe von sich reden. Dennoch setzte der Henninger Turm, das hoch aufgereckte Silohaus der Brauerei, einen unvergesslichen Akzent in die Stadtlandschaft, überragte Sachsenhausen und den Stadtwald.

Doch jetzt steht er wieder (oder so ähnlich) und beherbergt zahlreiche Eigentumswohnungen. Diejenigen ganz oben, in dem ehemaligen Drehrestaurant, sind tatsächlich die teuersten in ganz Frankfurt. So hoch und so nah am Frankfurter Flughafen dürften die Fenster wohl über beste Schallschluckqualitäten verfügen.

HISTORISCHES MUSEUM

Errichtet auf einer echten Stauferpfalz

Ein historisches Museum hat jede Stadt. Frankfurt hingegen hat jetzt eines, das über dem ehemaligen Stauferhafen angelegt wurde, dessen freigelegte Mauerreste unter Glas zu sehen sind. Die Mauern der alten Stauferpfalz bilden das Fundament des Museums, über die man Stege gelegt hat. Man läuft also zwischen echten architektonischen Fragmenten, Säulen und Kapitellen umher. Und als ob das nicht schon genug wäre, wurden auch Ausstellungsräume im alten Rententurm am Main eingerichtet, dessen Gemäuer eine Wendeltreppe erschließt. Sie ist eng, im 14. Jahrhundert waren die Menschen kleiner und schmaler. In jedem kleinen Stockwerk lockt ein neues städtehistorisches Thema, und oben angelangt, genießt man die Aussicht auf den Main. Das hat nun wahrlich keine andere Stadt: ein Historisches Museum, das in fünf Gebäuden aus acht Jahrhunderten untergebracht ist.

Denn zuvor – aber das können Nicht-Frankfurter gar nicht wissen – war das Historische Museum völlig unattraktiv: untergebracht, um nicht zu sagen hineingestopft in eine Art architektonischen Zwilling des Technischen Rathauses, betont unspektakulär, nur mit einer Kopie der Mainsandsteinskulptur von Karl dem Großen davor. Innen befand sich ein reiches, aber ziemlich planlos wirkendes Sammelsurium von Sammlungen. Fast so, als schämte man sich seiner Historie.

Jetzt gibt es zwei Gebäuderiegel, die von einem gepflasterten rechteckigen Platz getrennt werden. In Nischen aus Mainsandstein sind sparsam – nicht protzig – Skulpturen platziert. Schräg dahinter öffnet sich die neue Altstadt, wodurch dieses Ensemble zwischen

Römerberg und Main, das über lange Perioden eher ungeordnet, fast uncharmant zu sein pflegte, woran sich der Frankfurter aber gewöhnt hatte, jetzt eine Qualität bekommt, die man touristisch nennen kann.

Auf mehreren Stockwerken präsentiert sich jetzt eine didaktisch ausgefeilte Show mit sprechenden Szenen, eine riesige Schneekugel voller Geschichtsfilme zu sieben Frankfurter Themen, die sich der Betrachter selbst aussuchen kann, Exponate zu Adorno, Marcel Reich-Ranicki und der Frankfurter Küche gleichermaßen und eine Porträt-Wand voller historischer Biografien, die man per Knopfdruck selbst zum Erzählen bringen kann.

HÖCHST

Das Schloss am Main

Höchst ist eine stolze Stadt mit einem eigenen Schloss, einer eigenen Burg und einer eigenen Porzellanmanufaktur, der größten nach Meissen und in Sammlerkreisen mindestens genauso bekannt und geschätzt. Und mit einer langen Geschichte. Das hat Höchst alles auch noch, aber die meisten, die von außen kommen, verwechseln Höchst mit der Hoechst AG und meinen, das sei alles dasselbe.

Um mit den Klarstellungen fortzufahren: Der Industriepark Hoechst AG liegt VOR den Toren von Höchst, die es theoretisch

❯ Der weiße Schlossturm ist Höchsts Wahrzeichen. Das Schloss war die Residenz der Mainzer Erzbischöfe.

auch noch haben könnte, denn seine frühesten Zeugnisse stammen aus dem 9. Jahrhundert. In der karolingischen Epoche wurde auch die Justinuskirche gebaut, die älteste noch erhaltene in Deutschland. Der Platz, an dem Höchst gegründet wurde, liegt siedlungstechnisch günstig auf einem Plateau an der Einmündung der Nidda in den Main. Es hat eine wechselvolle, auch erfolgreiche und vor allem von Frankfurt völlig unabhängige Geschichte, gehörte zum Erzbistum von Mainz, später zu Hessen-Nassau und war im 18. Jahrhundert eine Kaufmannsstadt mit neu gegründeter Porzellanmanufaktur und guten Verkehrswegen. Das wissen nicht einmal alle Frankfurter … zu denen Höchst seit 1928 gehört.

Was das Städtchen so hübsch macht, steht seit Jahrzehnten unter Denkmalschutz. Fachwerk, die niedrigen und gepflegten Fischerhäuschen, der idyllische und von drei Apfelweinwirtschaften gesäumte Platz am Main, das Landgrafenschloss mit dem weißen schlanken Turm und seinem Museum, und natürlich der barocke Bolongaropalast.

Doch bis vor Kurzem umschwebte eine Aura von Tristesse den Ort. Was ist schief gegangen? Die übermächtige Konkurrenz zu Frankfurt, zu dessen Infrastruktur, zu dessen Arbeits- und Einkaufsmöglichkeiten? Zu dessen Wohnqualität? Zu dessen Ruf? Viele in Höchst ansässige Firmen mussten schließen: das Möbelhaus Wesner, die AdaAda Schuhe, eine Maschinenfabrik. Dann begann der Niedergang der Einkaufsstraßen.

Das ist übrigens längst nicht die ganze Geschichte: Die leer stehenden Geschäfte auf der Bolongarostraße werden für einen Designparcours genutzt, der Weihnachtsmarkt der Vereine kommt wesentlich authentischer daher als die Vergleichsveranstaltung in Frankfurt, und das Schlossfest sowie die Theateraufführungen »Barock am Main« verankern Höchst jetzt noch mal ganz neu – auf der Frankfurter Landkarte.

IG FARBEN CAMPUS WESTEND

Campus mit Nazi-Vergangenheit

Als die Johann Wolfgang Goethe-Universität im Jahr 2001 mit einigen Fakultäten das ehemalige Gelände der IG Farben im Westend bezog, schlugen die Wellen hoch. Die Wahl dieses Standorts spaltete die Stadtgesellschaft, denn er gehört zu den finstersten Kapiteln der deutschen Geschichte.

Der heutige Campus war Konzernsitz der IG Farben. Während der Nazi-Herrschaft wurde hier Zyklon B produziert, die IG Farben hatten sogar ein eigenes KZ im Lager Auschwitz. Ohne den Chemiekonzern hätte Hitler den Weltkrieg nicht gewonnen, so lautete das Fazit des britischen Journalisten und Buchautors Diarmud Jeffreys. Schon 1933 unterstützte die IG Farben die NSDAP mit Millionen von Reichsmark. Deren Mitschuld an den Kriegsverbrechen Hitlers und der Ermordung von sechs Millionen Juden wurde in einem Gerichtsverfahren 1947 geklärt, doch einige der Inhaftierten kamen nach zwei Jahren schon wieder auf freien Fuß. Nach dem Ende des Zweiten Weltkriegs nutzte die US Armee-Regierung das wenig beschädigte Gebäude als Hauptquartier der US Streitkräfte in Europa.

Dass nun ausgerechnet an diesem Ort die Uni untergebracht werden sollte, rief bei vielen Unverständnis hervor. Immerhin, der Campus gilt als einer der schönsten bundesweit, residiert in dem imposant-dramatisch gestalteten und zwischen 1928 und 1931 fertiggestellten Gebäude von Hans Poelzig und verfügt über ein Archiv zur Geschichte des Konzerns. Auch hat hier die Fritz Bauer Gesellschaft (s. S. 77) ihren Sitz. Übrigens ein Kompromiss, den die Gegner für aussagekräftig genug halten.

Für jede Kultur etwas

Argentinische Filme in Originalversion, Kabuki-Spieler aus Japan, ein nordafrikanisches Oud-Konzert, Chansons des Belgiers Jacquel Brel, türkisches Kabarett, Jazz aus New Orleans, russische, polnische, rumänische und italienische Theateraufführungen, spanischer Flamenco – all das hat auf einer Bühne Platz – der Internationalen Bühne am Zoo. Eigentlich klar, dass es eine solche Bühne in Frankfurt geben muss, und so zählen die Theatermacher auch gerne auf, welche Verpflichtung für sie dieser Standort ist: nämlich die Interkulturalität der Stadt zu betonen, die Mitbürger einzuladen, ihre Kultur zu pflegen und ihr in Frankfurt mittels der Gastspiele wieder zu begegnen, aber auch die Frankfurter zu dieser Begegnung einzuladen.

Und vor der Leistung kann man nur den Hut ziehen: Etwa 150 Aufführungen jährlich bringt das Internationale Theater auf die Bühne, hat Künstlern aus 25 Ländern Auftritte ermöglicht. Die Stadt unterstützt diese Arbeit, aber auch das Corps Diplomatique – das Konsulat Argentiniens z. B. lädt regelmäßig ein. Sie haben dieses nicht sehr große, gemütliche Theater zu einem wirklich wichtigen Bestandteil der Frankfurter Bühnenlandschaft gemacht.

JUDDEBUBE UND SCHLAPPEKICKER

Woher die Eintracht kommt

Wer würde unter diesem Schlagwort die Eintracht Frankfurt vermuten? Diva vom Main ist der wohl geläufigere Begriff. Und doch ist es so, wie der Buchautor und Leiter des Eintracht Frankfurt Museums Mathias Thoma akribisch recherchiert hat.

Die Fußballspieler bei Eintracht Frankfurt waren in den 1930er-Jahren als Amateure nahezu ausnahmslos bei der Schuhfabrik J.&C.A. Schneider angestellt, und die gehörte den jüdischen Schuhfabrikanten Adler und Neumann. Sie legten großen Wert auf Siege wie sie die Eintracht 1932 im Endspiel um die deutsche Meisterschaft ja beinahe erreichte und gewährten garantiert die eine oder andere Trainingspause während der Arbeitszeit. Die Eintracht wurde also »Die Juddebube« genannt, und weil in der Fabrik hauptsächlich Hausschuhe fabriziert wurden, auch »Schlappekicker« – ein Schlappe ist auf Frankfurterisch ein Hausschuh …

»Im Herzen von Europa liegt mein Frankfurt am Main
Die Bundesliga gibt sich hier gar oft ein Stell-Dich-ein
Hier gibt es eine Eintracht, die spielt Fußball ganz famos
Man kennt sie nicht nur am Mainestrand –
nein auf der ganzen Welt
Und wenn sie gewinnt im Waldstadion,
dann ist die Stimmung groß.«

Heinz Böcher, Kurt Westphal. 1959 zur Meisterschaft geschrieben

Die Eintracht profitierte bald nach dem Zweiten Weltkrieg auch von jüdischem Engagement. Nachdem 1945 alle Sportvereine aufgelöst worden waren (und es an Hinweisen auf die Verquickung von Vereinen und hohen Funktionärsstellen im NS-Regime nicht fehlte), beantragte und erhielt Emanuel Rothschild, der seit 1920 Mitglied der Eintracht gewesen war und das KZ Dachau überlebt hatte, die Lizenz für die Neugründung der Eintracht 1951.

Mit dem »Schlappekicker« hat es noch mal eine besondere Bewandtnis. So nennt sich ein Verein der Frankfurter Rundschau, der es sich zur Aufgabe gemacht hat, unverschuldet in Not geratene Sportler und soziales Engagement in Vereinen zu unterstützen bzw. mit einem Preis zu ehren. Schlappekicker also, und nicht Diva vom Main.

Dass ihr Präsident Peter Fischer die Mitgliedschaft in der Eintracht mit der Mitgliedschaft in der AfD für unvereinbar hält, ist bei dieser Geschichte nur logisch. Die Frankfurter, die Stadtgesellschaft und die Eintracht finden, er vertrete den Verein ganz besonders würdig.

JUDENGHETTO

Eines der frühesten in Europa

Ein Foto im Museum Judengasse zeigt den Zustand des jüdischen Ghettos in Frankfurt um das Jahr 1860. Gewiss waren zu diesem Zeitpunkt schon viele Juden weggezogen, nachdem der Zwang, dort zu wohnen, 1796 aufgehoben worden war, aber einige lebten dort noch immer, und das Foto zeigt nahezu unvorstellbare Zustände: Nicht nur, dass die Gasse nur fünf Meter breit und 300 Meter lang und damit äußerst beengt war, sodass sich kaum mehrere Menschen nebeneinander darin bewegen konnten, waren doch auch die Häuser durch viele Balkone und Aufbauten so hoch gebaut, dass kaum Luft und Lichtstrahlen den Boden erreichten … eine wahrhaft bedrückende Ansicht.

Bevor die jüdische Bevölkerung im Jahr 1462 vom Stadtrat dazu verpflichtet worden war, sich an diesem Ort niederzulassen, lebten die meisten in Häusern in der Innenstadt in der Nähe des Doms. Der damals ausgearbeitete Grundriss für diese Judengasse wuchs in den folgenden Jahrhunderten nicht an – unbeeindruckt von der Tatsache, dass die jüdische Bevölkerung stark zunahm. 1462 zählte sie nicht mehr als 150 Einwohner, im Jahr 1613 bereits 2700; zeitweise lebten bis zu 3000 Menschen in dieser Gasse. Um Platz für Wohnungen zu schaffen, wurden die Hinterhöfe mit Häusern zugebaut.

Wie winzig diese Gebäude waren, zeigt ein weiterer Blick ins Museum: Dort nämlich sind verschiedene Mauerfragmente der ehemaligen Judengasse erhalten, und sie verdeutlichen, dass es kaum Platz zwischen den Häusern gab und wie beengt Zimmer und Kammern waren, in denen oft auch noch Waren gelagert wurden. Ein Schlafplatz unter dem Treppenabsatz war vollkommen üblich.

Durch Tore wurde die Gasse abends und an katholischen Feiertagen sowie sonntags geschlossen. An den Wochentagen konnten sich die Juden in der Stadt aufhalten, soweit sie Arbeit hatten, z. B. auf dem Postamt und in Druckereien. Die jüdische Bevölkerung schrieb viel, und es brauchte des Hebräischen Kundige, um Briefe zu transportieren und Bücher und Formulare zu übersetzen. Von Goethe, sechs Jahre jünger als der berühmteste Bewohner des Judenghettos Amschel Meyer Rothschild (s. S. 152) und ein eifriger Spaziergänger, ist erhalten, dass er sich häufiger in der Judengasse aufhielt und auch an den spezifisch jüdischen Ritualen teilnahm, allerdings ohne sich für die Emanzipation seiner Bewohner einzusetzen.

Eine jüdische Bevölkerung ist in Frankfurt bereits für das 13. Jahrhundert nachgewiesen – der älteste aufgefundene Grabstein stammt aus dem Jahr 1272. Sie unterstand nicht der Obrigkeit der Stadt,

sondern dem Kaiser. Als Hofjuden hatten sie ihm Steuern zu zahlen, er konnte sie auch »verleihen« oder als Pfand einsetzen. Trotzdem genossen sie mit dieser Position auch eine Art von Schutz.

Viele Male wurden die Juden Opfer von Massakern, Plünderungen, Tötungen; sie wurden nahezu ausgelöscht, ihre Anzahl wurde in Frankfurt auf 500 Personen beschränkt. Am schrecklichsten wütete der Fettmilch-Aufstand 1614 gegen sie. Die Überlebenden kehrten nach Jahren des Exils auf Booten über den Main zurück.

Die Französische Revolution und indirekt auch das Theaterstück »Nathan der Weise« von Gotthold Ephraim Lessing, dieses Fanal des aufgeklärten Miteinanders und in Frankfurt verboten, leiteten die Öffnung des Ghettos ein. Es war während des Krieges zwischen Frankreich und der Allianz aus Preußen, Österreich und England in Brand gesetzt und zerstört worden, und der 1806 von Napoleon eingesetzte Stadtherr Großherzog von Dalberg setzte die Gleichberechtigung der Konfessionen durch. »Fraternité, Egalité, Liberté«, die Schlagworte der Französischen Revolution, vertrugen sich schlecht mit einem Ghetto-Gedanken.

Auch nachdem das revolutionäre Gedankengut von der politischen Restauration nach 1815 längst wieder gründlich ausgetrieben worden war, ließen sich die Juden aufgrund ihrer wirtschaftlichen Stellung nicht mehr in ein Ghetto sperren. Nur einige wenige Familien kehrten zurück und blieben dort, darunter auch Guttle Rothschild, die Witwe Meyer Amschels. Sie lebte bis zu ihrem Tod in dem alten Familienhaus im ehemaligen Ghetto, dem Haus zum Grünen Schild, in dem einst das berühmteste Finanzhaus der Welt gegründet worden war. Im Jahr 1884 wurden die meisten Häuser der Judengasse endgültig abgerissen und die Straße nach ihrem berühmtesten Bewohner benannt: Ludwig Börne.

‹ Die ältesten Grabsteine auf dem alten jüdischen Friedhof hinter dem Museum Judengasse stammen aus dem 13. Jahrhundert und erzählen die Geschichten der Verstorbenen.

Der Fastnachtsumzug in Heddernheim

Zugegeben, der Frankfurter Stadtteil Heddernheim ist nicht ganz so prachtvoll wie Frankreichs Hauptstadt, aber Klaa Paris nennt er sich dennoch. Die Bezeichnung ist auch nicht einem besonderen Gebäude zu verdanken – dem Eiffelturm oder Arc de Triomphe oder Ähnlichem –, sondern seiner freiheitlichen Gesinnung. Das hat mit der ungeliebten Besatzung Frankfurts durch die Preußen im Jahr 1866 zu tun. Und in Heddernheim, so befanden dessen Bewohner, lebte es sich wie in Paris, das ja als Symbol der Freiheit galt.

Vielleicht würde es das Schlagwort vom Klaa Paris gar nicht mehr geben, hätte sich nicht 1839 dort der erste Faschingsumzug à la Mainzer Karneval etabliert. Und hatte der Karneval zum Zeitpunkt seiner Entstehung nicht sehr viel zu tun mit der Kritik an den bestehenden (Adels-)Verhältnissen? Warum sonst gibt es diese Kostüme, die so herrlich die Uniformen verspotten? Und die Masken, unter deren Schutz man sagen darf, was man will?

Seit damals gibt es den Heddernheimer Faschingsumzug am Faschingsdienstag, mit eigenem Prinzen und eigener Prinzessin, die mit einer geschmückten Kutsche daran teilnehmen, einem Hofstaat und dem Narrenkaiser. Früher bekam man sogar schulfrei an diesem Tag, und die Eltern nahmen sich ebenfalls frei.

Auch wenn das nicht mehr so ist, wird die Tradition doch hochgehalten. Einen Grund hatte man 1839 nämlich schon, auch außerhalb des närrischen Datums. Die Anlage des ersten Gemeindebrunnens mit Pumpe, der Gemaa-Bumb, wurde mit dem Umzug gefeiert. Der Brunnen ersetzte den alten Ziehbrunnen.

Inzwischen gibt es sogar ein Fastnachtsmuseum mit Plakaten, Kostümen, Orden, Artikeln und Filmaufnahmen in zwei Räumen des Heddernheimer Schlosses, das die Geschichte der beiden in Heddernheim ansässigen Karnevalsvereine zurückbuchstabiert, besonders die Anekdote mit dem Titelblatt der Karnevalszeitung 1936, die einen betrunkenen Hitler mit Narrenkappe zeigte. Die Verantwortlichen kamen sofort in Haft, Schlimmeres ist aber nicht passiert.

FERDINAND KRAMER

Oder: die Schönheit des Stahlbetons

Moden kommen und gehen, auch in der Architektur. Was man als hässlich empfindet und was nicht, unterliegt oft nur dem momentanen Blickwinkel.

In den 1950er- und 1960er-Jahren galt Beton, roher, unverputzter Beton, als das Baumaterial der Stunde: preiswert, einfach zu verarbeiten, schnörkellos. Er markierte die Abkehr von barocken Formen und dem obskuren Begriff des »Altdeutschen« – die Hinwendung zum Modernen, Sachlichen, Luftigen. Übrigens nicht nur in Frankfurt, nicht nur in Deutschland. Die sensationellsten Bauten gelangen Oscar Niemeyer in São Paulo mit seinem Haus »Copan«, für das allein es eine eigene Postleitzahl gibt.

Doch das ist längst Schnee von gestern. Die Postmoderne folgte, das Spiel mit den aus dem Zusammenhang gerissenen Verzierungen, irgendwo auch beliebig anmutenden Zitaten, die eine »eigene

Geschichte erzählen sollten«, so deren Verfechter, quasi unabhängig vom Gebäude. Was zu lustigen Ergebnissen führte – in Frankfurt zum Beispiel in der Saalgasse zu besichtigen zwischen Dom und Römer, hinter der neuen Altstadt.

Momentan erlebt die Welt gerade wieder eine Zeitenwende: Das Baumaterial Beton erfreut sich einer wachsenden Fangemeinde, die den Blick auf die Schönheit dieses schmucklosen Materials lenken will. Und auf die Schmucklosigkeit überhaupt. Einer, dessen Name sich mit Frankfurt eng verbindet, ist Ferdinand Kramer (1898– 1984), der bereits mit Ernst May (s. S. 80) zusammenarbeitete und in den 1960er-Jahren die Johann Wolfgang Goethe-Universität mit zahlreichen Fakultätsgebäuden sowie die Universitätsbibliothek neu gestaltete. Ferdinand Kramer war ein Befürworter des Lebendigen, des Aufbruchsbereiten. Er wollte keine »Höhlen« bauen, sondern unvernebelte Orte.

Grundlage seiner Modelle bildete stets ein Stahlbetonskelett, für das Philosophicum, das Walter Kolb Studentenhaus und die Mensa. Viele seiner Entwürfe sind inzwischen abgerissen, die Mensa dient als Zwischenwohnstatt für Flüchtlinge, das Philosophicum wurde zum Luxus-Studentenwohnheim umgerüstet. Aber die dem Campus zugewandte Fassade des Philosophicums steht noch.

Auch die Innenausstattung der Hörsäle im Universitätsgebäude in Bockenheim beruht immer noch auf seinen Modellen. Dort kann man sich von seinen lichten Ideen überzeugen lassen oder auch nicht, aber irgendwie wird klar, warum er unter der Nazi- Herrschaft mit Berufsverbot belegt und als entarteter Architekt bezeichnet wurde, und warum er ins US-Exil ging, um sich dort eine Karriere aufbauen zu können, die durch die Erfindung falt- barer Regenschirme besiegelt wurde.

Mit seinen schlicht geschwungenen Stühlen, Bänken, Tischen, Tür- klinken und Lampen wurden Generationen von Studenten klug. Zu Unrecht fielen die Möbel in der postmodernen Zeit vielen Schmähungen zum Opfer. Dabei haben sie die Grazie und auch die Nüchternheit, die an Eames' Chairs erinnern. Klassisch eben …

Die Rückseite von Frankfurt

Was hält Frankfurt im Innern zusammen? Um das herauszufinden, kann man Folgendes tun: In eine Apfelweinkneipe gehen, sich am Kiosk mit den anderen Besuchern zusammenschließen … oder mit der Linie 11 fahren. Einmal quer durch Frankfurt, von Fechenheim nach Höchst; das dauert etwa eine Stunde.

Start ist die Schießhüttenstraße in Fechenheim. Schießhüttenstraße hört sich ein bisschen komisch an für diese idyllische Lage direkt am versumpften und verschilften, quasi naturbelassenen Mainufer, das an dieser Stelle ein bisschen wie ein Dschungel aussieht – weit weg liegt die Glitzer-Skyline. Genau gegenüber liegt Offenbach Bürgel, das man aber nicht richtig sehen kann, weil auf Offenbacher Mainseite noch ein paar Schrebergärten und eine Windhund-Rennbahn dazwischen platziert sind.

Gleich hinter dem hiesigen Bootshaus beginnt ein Stückchen Fechenheimer Fachwerkromantik aufzublitzen. Viel gibt es da leider nicht zu sehen, aber heimelig ist es schon, ein hoher alter Baum, ein paar Straßenzüge, ein wenig Dorfcharakter. Die Uferpromenade an der markanten Mainschleife wird von pyramidenförmig zurechtgeschnittenen Pappeln und Schwertlilien begleitet. Es steigen ein: Spaziergänger, Rentner, Radfahrer, Schüler.

Die Linie 11 tuckert weiter, mitten hinein in das 1928 eingemeindete Fechenheim, an seinen Industrieanlagen, Klinkerbauten und Schloten vorbei. Historische Bauten, die auf eine lange Tradition hinweisen: Die Casellawerke eröffneten 1870 hier ihre Pforten, eine Anilin-Farben- und Chemiefabrik, die auf die Initiative von Leopold Caßel zurückgeht – er gründete bereits 1789 sein Geschäft, damals noch in der Judengasse. Später kamen eine Zuckerraffinerie und eine Färbemittelproduktion hinzu. Gemeinsam mit seinen Erben wird er in der Liste der erfolgreichsten Frankfurter Unternehmerpersönlichkeiten geführt – was natürlich nicht verhindern konnte, dass die Familie während der Nazi-Zeit enteignet wurde und die Fabrik in die IG Farben (s. S. 109) aufging, wo Zyklon B produziert wurde.

Die 11 hält am Bahnhof Mainkur, einst ein ziemlich hübscher Pavillon, heute ein Wettbüro-Café. Überhaupt ist für die meisten Frankfurter Fechenheim ganz weit weg, irgendwie ärmlich, Arbeitergegend. Doch die Linie 11 durchquert unermüdlich den Hinterhof der Stadt, die zweite Reihe hinter der Fassade. An der weitläufigen Hanauer Landstraße reiht sich ein Autohaus an das nächste, Baumärkte, Teppichboden-Supermärkte, Möbelhäuser, Gartencenter, eben alles, was man so an die Peripherie verlegt. Endlos, endlos, endlos ... kein Flanierziel. Die Fahrgäste sind zum überwiegenden Teil Migranten.

»Bring uns zum Lachen oder bring uns zum Weinen, bring uns wohin Du willst, aber bring uns danach wieder nach Frankfurt am Main. Bring uns um den Schlaf oder bring uns um den Verstand, aber bring uns unbedingt wieder zurück in unsere Stadt (...)«

Caser Nova und Fuego Fatal aus der Rap-crew Binding Squad – Zurück nach Frankfurt (2008)

Dann nimmt die Hanauer Landstraße, breit wie eine Autobahn, Kurs auf die neue EZB (s. S. 109). Da musste natürlich ein Imagewechsel her. Lustig nur, dass er nicht so ganz funktionierte. Gewiss, in unmittelbarer Umgebung der EZB sind neue, oft teure Wohnblocks entstanden. Doch irgendwie begreift man SIE als Fremdkörper und nicht den hundertjährigen Osthafen oder die Endlosparade der Autohäuser, zu denen die Gref-Völsings-Rindswurst-Metzgerei wiederum hervorragend passt. Sie öffnet um 6 Uhr in der Früh.

Die Innenstadt ist erreicht: Braubachstraße, 1960er-Jahre-Seligkeit neben Sandsteinbauten und Spezialgeschäften fürs Angeln wie dem »Angel-Bär«. Das Publikum in der Straßenbahn wird homogener, weniger international, fährt auch mal nur kurze Strecken. Die 11 schlüpft unter der Frankfurter Seufzerbrücke hindurch, gestattet kurz einen Blick auf den Römerberg mit Römer und die Fachwerkidylle der Ostzeil. Gegenüber liegt die Paulskirche.

Den buntesten, lautesten Abschnitt hat unsere Straßenbahn im Bahnhofsviertel erwischt, denn sie durchfährt die Münchner Straße, vorbei an Russia Travels, Kaiser Bags, Pascha Gold, Café Vatan und Indian Flair, bevor es an die Schnittstelle Güterplatz/Gallus geht.

Und nun hinein ins Gallus, das so hübsch ist mit seinen Klinkersteinfassaden, den Loggien, den begrünten Straßen. Ungefähr 90 Prozent der Frauen tragen Kopftuch, manche einen Kaftan, die Jungs Hoodies und riesige Sporttaschen, die Mädchen pastellfarbene Schals, bestickte Tuniken und viel Kajal um die Augen. Die der Mainzer Landstraße zugewandten Geschäfte heißen Balkan Grill, Derwan Grill, Novo Sarajewo, Penny, Kik und Waschsalon. Darunter befindet sich auch Alims Fischimbiss, der vor Gericht das Recht erstritten hat, ausbilden zu dürfen. In der Straßenbahn fliegen die Wortfetzen hin und her, Russisch ist darunter, Englisch, Polnisch, Kroatisch, Türkisch, Arabisch: Frankfurt, zweite Reihe eben.

An den Fenstern fliegen die Autohäuser und Schrebergartensiedlungen vorbei, Nied ist erreicht. Man sieht nur ziemlich gesichtslose Wohnsiedlungen aus den 1970er-Jahren, dabei ist Nied im Inneren ganz hübsch, aber das sehen wir nicht … bis wir dann an der Endhaltestelle Zuckschwerdtstraße ankommen. Hier beginnt Höchst, hier beginnt ein anderes, ein neues Frankfurt (s. S. 106).

MAIN

Die imaginierte Grenze, die keine ist

Schon bei der mythischen Gründung Frankfurts spielte der Main eine Rolle. Eine weiße Hirschkuh hatte den christlichen Franken eine Furt über den Main gezeigt, die sie den heidnischen Sachsen, die die Franken kriegerisch verfolgten, nicht zeigte. So mussten die Sachsen ihr Lager auf der südlichen Seite des Flusses Main aufschlagen, während sich die Franken auf der nördlichen Seite einrichteten. Soweit die Sage. Und deswegen heißt der eine Teil von Frankfurt »Sachsenhausen« und der andere Frankfurt.

Aber mal ehrlich: Was wäre Frankfurt ohne Sachsenhausen? Ohne die Apfelweinkneipen, das Stadion, die Designer in der Brückenstraße, die Ritter, die schicke Schweizer Straße, die Museen, das Museumsuferfest? Gar nicht vorstellbar …

Neun Brücken überspannen den Fluss im Frankfurter Stadtgebiet: Die älteste ist die Alte Brücke mit dem Brickegickel, der an einen alten Faust'schen Pakt erinnert (s. S. 43), die jüngste die Osthafenbrücke, die einen direkten Weg zur EZB einschlägt und lange Zeit umstritten war, weil für deren Konstruktion eine Kleingartenkolonie auf Sachsenhäuser Seite buchstäblich durchschnitten wurde. Sie mündet in eine Bundesstraße. Ein gewachsenes Stadtgewebe zu zerstören, nur um den EZB'lern und ihren Besuchern einen schnelleren Weg in und aus der Stadt zu ermöglichen, das kam gar nicht gut an.

Der Main fungiert als Mitte, als imaginierte Grenze zwischen Nord und Süd, was sich oft bei der Wettervorhersage niederschlägt. »Südlich des Mains …« heißt es da, was manchen Frankfurter dazu verleiten könnte, mal über die Brücke nach Sachsenhausen zu gehen und zu sehen, ob das Wetter da tatsächlich anders ist. Tatsächlich trennte seine Linie die beiden Großmächte Preußen und Österreich/Habsburg innerhalb des Deutschen Bundes.

Der 752 Kilometer lange Main ist für Frankfurt ein emblematischer Ort. Ein Ort des Schreckens, des Feierns und des Wohnens, der Arbeit, des Luxus, der Industrie. Auf der Alten Brücke fanden im Mittelalter Hinrichtungen statt. Seit über 1000 Jahren gibt es in der Stadt eine Fischerzunft, und man sollte es kaum für möglich halten, aber seit den 1970er-Jahren ist der Main in Frankfurt wieder so sauber, dass man hier geangelte Fische tatsächlich verspeisen könnte, vor allem Brassen, Schleien, Wildkarpfen und Zander. Der Main war auf diesem Abschnitt einst der lachsreichste in Deutschland. Und es ist kein ungewöhnlicher Anblick, an einigen stillen Stellen Angler sitzen zu sehen.

Verschiedene Entwicklungen haben das Mainufer in das kulturelle und gesellschaftliche Zentrum der Stadt hineinkatapultiert. Das Konzept des Museumsufers (s. S. 135) hat ganz besonders die Orientierung zum Fluss hin befördert, darauf folgte die Verwirklichung des Projekts »Wohnen am Fluss« (s. S. 182). Der Ausbau des Ufers zur beiderseitigen Parkanlage, die Gastspiele von Sommerbühnen und dem hr-Sinfonieorchester und das mittlerweile arg überlaufene Museumsuferfest befestigten seinen besonderen Ruf.

Und, man glaubt es kaum, zumindest der Frankfurter nicht: Auf dem Eisernen Steg, der schönen Eisenkonstruktion, einem Mittelding zwischen Gotik und Expressionismus, sieht man hundertfach Liebesschlösser! Wie auf den Brücken in Paris! Kaum zu glauben, aber es ist wahr!

MARGARETHE SCHÜTTE

Frau Architekt erfindet eine Küche

Es ist schon lustig, dass die Erfinderin der »Frankfurter Küche«, die in den Häusern des Papstes des »Neuen Bauens«, Ernst May (s. S. 80), installiert wurde, gar nicht kochen konnte. Aber es ist auch stimmig. Margarethe Schütte Lihotzy (1897–2000) stammte aus Wien und hatte an der dortigen Kunstgewerbeschule von 1915 bis 1919 als erste Frau Architektur studiert – ein Universitätsstudium war den Frauen damals noch verschlossen. Sie war ein vollkommenes Kind ihrer Zeit, des politischen Aufruhrs, der Emanzipation der Frau.

Im Jahr 1926 holte Stadtrat Ernst May sie nach Frankfurt, um bei der schöpferischen Entwicklung eines neuen Haustyps mitzuwirken. Eine Trabanten- und Gartenstadt sollte geschaffen werden, um der Wohnungsnot, den unhygienischen Verhältnissen und der Überbelegung in der damaligen Altstadt zu entgehen. Haus, Wohnung und Möbel sollten vollständig entschlackt werden von dunklen, schweren Dekors, sollten fröhlich, lebensbejahend und frisch wirken und vor allem für jeden erschwinglich sein.

Die Quintessenz: Es ging um das moderne Haus, aber auch um den modernen Menschen. Das passte sehr gut ins Weltbild der Margarethe Schütte Lihotzky. »Jede denkende Frau muss die Rückständigkeit bisheriger Haushaltführung empfinden und darin schwerste Hemmung eigener Entwicklung und somit auch der Entwicklung ihrer Familie erkennen.« (Die Frankfurter Küche, S. 16)

Wie gesagt, Kochen konnte sie nicht, dafür aber mit der Stoppuhr in der Hand die Arbeitswege der Hausfrau in ihrer Küche in Zeit umsetzen und die Anzahl der zurückgelegten Meter zwischen Spül-

∧ Die Originalküche von Margarethe Schütte ist heute im MOMA in New York ausgestellt.

becken und Herd. Und dann kalkulierte sie die perfekte Einbau-küche mit dem hochklappbaren Bügelbrett hinter der Tür und den Schütten, den gläsernen, in einen Schrank eingelassenen Schubbe-hältern für Mehl und Zucker. Sie tragen bis heute ihren Namen.

Zeitersparnis und Effektivität bestimmten ihr Konzept, damit die moderne Frau sich nicht mit Unnötigem abzuplagen hatte. Ihre eigene Biografie führt uns beispielhaft vor, was eine unabhängige, revolutionär denkende Frau in der Weimarer Republik erreichen konnte. Aber auch, welchen Stürmen sie ausgesetzt war: 1930 geht sie mit Ernst May nach Russland, als Mitglied einer Widerstandsbe-wegung gegen Hitler wird sie bis 1946 ins Zuchthaus eingesperrt.

Ihr Ruhm indes ist bis in die jüngste Zeit ungebrochen. Noch 1995 entwarf sie Wohnbauprojekte für die Expo in Wien. Und eine späte, zweifelhafte (?) Ehre: Den heutigen Innenarchitekten gilt sie als Mutter der Ikea-Küche.

Von Anfang an dabei!

Märkte hat es in Frankfurt schon immer gegeben. Der erste, der urkundlich erwähnt wird, wurde im 8. Jahrhundert aufgeschlagen. Es handelte sich dabei um eine Herbstmesse, denn nach den Ernten konnten die Bauern abschätzen, was ihnen zum Verkauf zur Verfügung stand. Die geografische Lage im Zentrum des Landes begünstigte Frankfurt als Marktplatz ebenso sehr wie der Main als zusätzlicher Transportweg. In der Stauferzeit (s. S. 162) wurden die Marktbesucher und -beschicker auf Wunsch der Stadt unter kaiserlichen Schutz gestellt. Die Königs- und Kaiserkrönungen zogen wiederum viele Reisende an, die versorgt werden wollten. Kein Wunder also, dass die Stadt prosperierte. Die aufblühenden Märkte machten es möglich.

Neben der Herbstmesse erhielt Frankfurt im Jahr 1330 auch das kaiserliche Privileg, eine Frühjahrsmesse abzuhalten. Für das 14. Jahrhundert ist zudem erstmals urkundlich verbürgt, dass ein Weihnachtsmarkt veranstaltet wurde. Im Römer lagerten Seide aus Lyon, Pelze aus dem Norden, Gewürze aus Italien.

Und heute? Man ist mediterraner als im mediterranen Raum. Beim ersten Sonnenstrahl setzt man sich ins Straßencafé, weicht nicht mal in der größten Hitze und streicht die Segel erst, wenn der Heizpilz versagt.

Mit den Bauern-Lebensmittel-Märkten ist das ähnlich. Mittlerweile hat fast jeder Stadtteil einen, manche haben sogar zwei – teils mit einem wöchentlichen Termin, teils mit zwei, wie der in Bornheim oder der Erzeugermarkt an der Konstablerwache. Manche wurden sogar mit einer richtigen Zweitaufgabe versehen, so z. B. der Markt im Kaisersack im Bahnhofsviertel, der diese Gegend, sonst Lieblingsaufenthalt von Drogenabhängigen, weniger aufregend machen soll. Von anderen wiederum erhofft man sich eine Wiederbelebung unbeliebter Plätze, bei der die Stadtplanung nicht aufgepasst hat, u. a. beim Gravensteiner Platz oder im Gutleut.

Französischer als die Franzosen, italienischer als die Italiener und griechischer als die Griechen wird gekauft, probiert, gefachsimpelt und vor allem gegessen und getrunken. Letzteres ist bei den mediterranen Nachbarn nicht so angesagt, hier aber schon. Manche Märkte haben die Metamorphose zum Imbisslokal und Weinausschank schon halb bis ganz vollzogen, und vollkommen ins Gegenteil verdreht wurde der Markt am Friedberger Platz im Nordend. Zuvor ein kleiner, ruhiger Lebensmittelmarkt mit etwa zehn Ständen, mutierte der harmlose Platz zum Vorglühen mittels mitgebrachten Alkohols, dessen Adresse wohl in Bild-Zeitungs-Auflagenstärke verbreitet wurde … also nicht mehr schön.

»In einer Stadt wie Frankfurt befindet man sich in einer wunderlichen Lage; immer sich kreuzende Fremde deuten nach allen Weltgegenden hin und erwecken Reiselust. «

Johann Wolfgang Goethe, Dichtung und Wahrheit

Der Paradiesplatz in Sachsenhausen wollte mit »Alt-Sachs« zum selben Zeitpunkt, nämlich freitags, zur Entspannung der Situation beitragen, nur liegt Alt-Sachs mittendrin im Apfelweinviertel, und das ist für die Enthaltsamkeit seiner Besucher nicht gerade bekannt.

Wie auch immer, Märkte sind lustig, kommunikativ, bunt und fröhlich – und jeder einzelne von ihnen ist eine echte Bereicherung der Alltagskultur.

MAUERN WERDEN GÄRTEN

Von der Sommerfrische zur grünen Lunge

Wie man mit Mauern auch umgehen kann? Man macht Gärten daraus! Diese Idee ist in Frankfurt Wirklichkeit geworden, und zwar 1810. In diesem Jahr wurde Baumeister Jakob Guiolett von Fürst Carl Theodor von Dalberg damit beauftragt, die Stadtmauern zu beseitigen und in Grünanlagen zu verwandeln. Die Befestigungsmauern mitsamt ihren Bastionen sollten fallen, waren sie doch auf einer mittelalterlichen Wehrfunktion gegründet, die man nicht mehr brauchte. Der gezackte Ring der Stadtbefestigung ist heute noch für jeden leicht erkennbar, sofern er sich den Stadtplan vornimmt. Er taucht dort als Wallanlagen auf, als Anlagenring, der die Stadtmitte umschließt.

Dieses im Spätmittelalter äußerst stabile Bauwerk mit Wällen und Kasematten wurde zwischen 1343 und 1413 um Frankfurt gelegt, beginnt an der Obermainanlage und zieht sich dann halbkreisförmig in die Friedberger Anlage weiter. Es folgen die Eschenheimer-, Bockenheimer-, Taunus-, Gallus- und Untermainanlage.

Über Jahrhunderte reichte der Wohnraum innerhalb der Stadtmauern für die Bevölkerung aus – auch über das 19. Jahrhundert hinaus. Doch wer Geld hatte (und das hatten in der Handelsstadt so einige), wollte ein Garten-Sommerhaus-Grundstück im Grünen haben, dort, wo es kleine Gutshöfe und Landgüter gab wie beispielsweise den Bertramshof. Dazu zählten die Rothschilds, Bethmanns, Brentanos. Sie ließen sich Pavillons und Privatgärten außerhalb der Stadtmauern entwerfen und verbrachten dort ihren Sommerurlaub. Das Sommerhaus der Gontards beispielsweise stand in der Nähe des heutigen Holzhausenparks, ihr Wohnsitz lag um die Ecke derer von Goethes …

∧ Statt auf alten Wehrmauern sitzt man heute im Grünen unter Magnolien.

Aber auch schon die alte Stadtbefestigung diente den sonntäglichen Spaziergängen, wie es der berühmteste Stadtsohn Johann Wolfgang einmal beschrieben hat: »So war es eine von unseren liebsten Promenaden, (…) inwendig auf dem Gange der Stadtmauer herumzuspazieren. Gärten, Höfe, Hintergebäude ziehen sich bis an den Zwinger heran. (…) Von dem Putz- und Schaugarten der Reichen zu den Obstgärten des für seinen Nutzen besorgten Bürgers, von da zu den Fabriken, Bleichplätzen und ähnlichen Anstalten, ja, bis zum Gottesacker selbst (…) ging man an dem mannigfaltigsten, wunderlichsten, mit jedem Schritt sich verändernden Schauspiel vorbei, an dem unsre kindische Neugier sich nicht genug ergetzen konnte (…).«

Sogenannte Entfestigungen wurden in einigen Städten Deutschlands vorgenommen, aber Frankfurt ist erstaunlicherweise die einzige, in der dieser Flanierring bis heute gegen Umgestaltungen und Neuentwürfe verteidigt wird – als kleine grüne Lunge inmitten all des Autoverkehrs. Berühmte Frankfurter Namen wie der Oberbürgermeister Fellner (s. S. 63), der Stadtgärtner Sebastian Rinz, auch Dalberg und Goethe sind als Skulpturen verewigt, kleine Weiher an der Obermainanlage und an der Bockenheimer Anlage lockern die Grünflächen auf, der hübsche Pavillon des Nebbien'schen Gartenhauses dient dem Frankfurter Künstlerclub als Veranstaltungsort. Ein absolut beliebtes Ziel für Mittagspäusler und Hundeausführer in der Innenstadt.

MARIA SYBILLA MERIAN

Humboldts Schwester

Eine 52 Jahre alte Dame betritt an einem hellen Sommertag ein Schiff im Amsterdamer Hafen. Dieses Schiff wird sie quer über den atlantischen Ozean in das feuchtheiße Surinam bringen. Das hört sich erst einmal nur ein bisschen abenteuerlich an. Aber es ist kein Sommer im Jahr 2018, sondern im Jahr 1699, und die Dame reist in Begleitung ihrer Tochter, ohne männlichen Schutz, ohne Personal, nicht mit dem Status einer kolonialen, sagen wir Plantagenbesitzersgattin (Surinam war damals niederländische Kolonie). Sie reist als Künstlerin und Naturforscherin.

Eine solche Reise würde sich nicht einmal heute die Mehrheit der Frauen trauen, umso unglaublicher, dass Maria Sybilla Merian (1647–1717) sich dies zutraute. Oder vielleicht doch kein Wunder? Denn im Stammbaum dieser berühmten Dame befinden sich nur berühmte Namen; ihr Vater natürlich, der Buchverleger Matthäus Merian, und ihre beiden Brüder, Kupferstecher, Zeichner, eine Profession, die sie auch erlernen sollte; dann Georg Flegel, ihr Stiefvater Jacob Marrell und last but not least Theodore de Bry, der ganz wunderbare Kupferstiche aus der Neuen Welt anfertigte, die ihn weltberühmt machen sollten und bis heute nachgedruckt werden.

Das hat sie offensichtlich geprägt. Sie verband auf eine einzigartige Weise, so lautet das einhellige Urteil, die Malerei der Natur mit wissenschaftlicher Erkundung der Natur, schuf eine Synthese zwischen bildender Kunst und Naturforschung, und war auf ihrem Gebiet gewiss eine Pionierin, eine Vorläuferin Alexander von Humboldts.

Wenn man ihren Lebenslauf betrachtet, so fällt auf, wie stark er von den damals üblichen Biografien abweicht. Sie war sehr gebildet, künstlerisch außerordentlich begabt und begann schon früh zu zeichnen. Ihr Stiefvater, der Maler und Kunsthändler Jakob Marrell, brachte ihr verschiedene Techniken bei, z. B. den Holzschnitt und den Kupferdruck. Dies waren die künstlerischen Ausdrucksmöglichkeiten und Techniken, die Frauen damals zur Verfügung standen. Großformatige Gemälde gehörten nicht zum Repertoire einer Dame.

Während ihrer Ehe mit dem Maler und Schüler ihres Stiefvaters Johann Andreas Graff verdiente sie den Lebensunterhalt mit dem Verkauf von Farben und Malutensilien. Sie malte feine Blumenbilder, die als Stickvorlagen dienten, und erteilte Zeichenunterricht. Ihre naturkundlichen Beobachtungen stellte sie jedoch nie ein. Auf ihre Blumenbücher folgten Raupenbücher, in denen sie die Metamorphose einer Raupe bis zum Schmetterling festhielt und das Insekt jeweils zusammen mit der Pflanze darstellte, von der es sich ernährte. Seidenraupen hatte sie als junges Mädchen in Frankfurt selbst gezüchtet und ihre Verwandlung fasziniert beobachtet. An Seidenraupen heranzukommen war in der Handelsstadt Frankfurt nicht schwierig, auch Goethes Vater Johann Caspar besaß eine Seidenraupenzucht. Trotzdem war es ein ungewöhnlicher Zeitvertreib für ein Mädchen.

Ihren Mann sollte sie nach 20 Jahren Ehe verlassen und sich gemeinsam mit ihren Töchtern in einer religiöse Lebensgemeinschaft niederlassen. Ihr Forschungsinteresse litt dadurch nicht – im Gegenteil. Als sie diese Gemeinschaft verließ und sich in Amsterdam niederließ, konnte sie auf ihren Ruf als Naturforscherin aufbauen, weitere Studien betreiben und umfangreiche Insekten- und

Schmetterlingssammlungen anlegen. Ihre Arbeit gipfelte schlussendlich darin, dass sie mit einer ihrer Töchter nach Surinam aufbrach
und zwei Jahre lang in dessen Dschungeln forschte, beobachtete,
malte, Tiere und Pflanzen präparierte. In der damaligen Zeit – man
kann es nur wiederholen – ein Wagnis für jeden und umso mehr für
eine alleinstehende Frau, die von unglaublicher Energie und gro-
ßem Mut beseelt gewesen sein muss.

Zurückgekehrt nach Amsterdam, erhielt sie eine Ausstellung und
konnte ihre Forschungsergebnisse über die Insektenwelt der Tro-
pen Surinams in kostbaren Büchern publizieren – zu Beginn des
18. Jahrhunderts war das singulär.

LOLA MONTEZ KUNST!

Ein Kunstverein als Kunstwerk

Lola Montez hat in Frankfurt einen guten Namen. Eine außer-
ordentliche Dame, eine Irin mit feurig-spanischem Aussehen, in
Indien aufgewachsen und von einer Schönheit, die ihrer Intelligenz
und ihrem Witz standhielt – so sah sie sich selbst. Eine betrügeri-
sche Kurtisane, die Ludwig I. von Bayern das Geld aus der Tasche
zog und zum Abdanken brachte – so sahen sie die anderen. Es ist
also keine schlechte Idee, sich als Kunstverein diesen schillernden
Namen zu geben – und Mirek Macke, Absolvent der Städelschule,
sowie Anja Czioska, Schülerin unter anderem von Peter Kubelka,
fällt so Einiges ein, um die nun geweckte Neugier zu stillen.

Zu Beginn waren die Aktionen des Künstlerteams mobil, versatil,
flüchtig, und das ist die Garantie dafür, dass etwas zum Stadtge-

spräch wird. Dann gab es Konzerte und Ausstellungen in gerade erst aufgegebenen Lagerhallen oder Hinterhöfen und darüber schwebte die Protektion des Städel-Professors Tobias Rehberger. Nach mehreren Zwischenlösungen wurde der Kunstverein Lola Montez nun sesshaft und zwar an einem Ort, wie er idealer eigentlich nicht sein kann: in zwei Brückenpfeilern der alten Honsellbrücke im Arbeiter-Ostend, ganz in der Nähe zur EZB, also an der Schnittstelle zweier Kulturen.

In zwei großen, unverputzten hellen Hallengewölben kann der Kunstverein Lola Montez, dessen Mitglieder und Freunde sich auch zu zwei Bands zusammengetan haben, nun seine Ausstellungen und Aktionen zeitgenössischer Kunst präsentieren. Sein letzter Coup: Annie Leibowitz.

Aber irgendwie sind berühmte Namen nicht wichtig; wichtig ist das, wofür Lola Montez steht: »Mehr als ein Ausstellungsraum, war das Lola Montez von Anfang an ein mythisch aufgeladener Ort unter der Stadt, (…) das Kunstwerk war das Lola Montez schon immer selbst, und wir waren seine Künstler«, schreibt der Pressesprecher der Schirn, Markus Farr.

Doch nicht nur Lola Montez residiert im Ostend, auch Atelierfrankfurt ist dort untergebracht, ein Komplex von 130 Ateliers für 200 bildende Künstler, die in einer Lagerhalle von 1912 in der Schwedlerstraße arbeiten und diesen Ort zu einem Kunstzentrum der Stadt entwickelt haben. Ganz in der Nähe, in der Schwedlerstraße 2, probt das Ensemble Modern und es gibt die Ateliers der Städelschule. Und auch die Proberäume der »Theaterperipherie« in der Daimlerstraße liegen nicht weit entfernt.

MOMEM

Das Einzige auf der Welt

New York hat das MOMA, und Frankfurt wird bald (die Eröffnung ist noch für 2018 geplant) das MOMEM haben. Ja, richtig, auch ein Museum, aber keines der Modern Art, sondern der Modern Music, genauer des Techno und der Elektronischen Musik, denn sie sei, so die Initiatoren, in Frankfurt erfunden worden. An anderen Orten zwar auch, aber eine Wiege zumindest stand tatsächlich hier – im »Dorian Gray«, im »Omen« und in weiteren legendären Clubs, in denen z. B. Sven Väth auflegte, den man überall auf dem Weltenball kennt.

MOMEM: »Museum of Modern Electronic Music«, das erste und deswegen bislang einzige auf der Welt. Der Ort, in den es einziehen wird, passt (natürlich) nicht in den Reigen der Museen am Museumsufer. Vielmehr eröffnet es an einem ziemlich unidyllischen, rauen Platz im Bermuda-Dreieck der B-Ebene Hauptwache. Weder oben an der frischen Luft, dort, wo die Hauptwache steht, noch dort, wo sich die verschwiemelte B-Ebene öffnet, sondern genau dazwischen, gegenüber von zwei Thai-Imbiss-Buden … ein Ort in der Schwebe.

Die Stadt garantiert diesen Standort für die nächsten drei Jahre, dann müssen sich die Organisatoren eine neue Bleibe suchen – auch das passt zur Musik ebenso wie zum Konzept, denn etwas fest Umrissenes ist diese Musik ja nicht, sondern eben permanent in Bewegung, Entfaltung, wie die Zuhörer, die sie zum Tanzen animiert.

Klassische Ausstellungsstücke wird es geben, z. B. die Tür des »Dorian Gray« am Flughafen und einen Roboter der Band Kraftwerk, der Pioniere des Elektropop, oder auch technische Ausstattungsstücke von bekannten DJs. Vor allem wird es aber Workshops geben, Konzerte, Gespräche. Dieter Meier von Yello, der in der Hochstraße ein argentinisches Steakrestaurant betreibt, will die Schirmherrschaft übernehmen, was nicht schlecht ist, denn Geld muss schon noch aufgetrieben werden, damit das Projekt realisiert werden kann – die finanzielle Ausstattung jedenfalls wird bestimmen, in welchem Rahmen sich das vollzieht. Ob klein, ob groß … da kommt ein berühmter Pate gut an. Private Investoren und Stiftungen sind angesprochen, öffentliches Fundraising wird übers Internet betrieben und auch Markenpartnerschaften können übernommen werden.

MUSEUMSUFER

Das hat sonst keiner

Keine andere Stadt hat so etwas. Gut, Berlin hat eine Insel. Aber ein ganzes Ufer voller Museen? Und zwar hochkarätiger?

Eigentlich ist das alles ein Erbe der Idee »Kultur für alle!«, die Frankfurts wohl wirkungsmächtigster Kulturdezernent Hilmar Hoffmann als Forderung Ende der 1970er-Jahre in die Stadtgeschichte einwarf. Nun firmieren neun Museen entlang der Sachsenhäuser Mainseite unter diesem Siegel, sind Aushängeschild der Stadt und zweimal im Jahr zusammen mit weiteren Museen am gegenüberliegenden Ufer Protagonisten der beliebtesten Stadtfeste, der »Nacht der Museen« und des Museumsuferfestes, wobei Letzteres trotz intensiver Bemühungen der Museen immer mehr zu einer Ballermann-Partymeile verkommt. Schade, die Idee war gut.

Und sie hat sich verselbstständigt, was den Museen übrigens gut tut. Denn plötzlich ist deren Besuch nicht lästige Bildungspflicht, sondern ein Event.

Drei Villen wurden für dieses Projekt innerhalb eines Jahrzehnts von Architekten mit Weltruf umgebaut: Richard Meier gab der Villa Metzler eine luftig lichte Hülle, in der sich das Museum für Angewandte Kunst eingerichtet hat. Ein Bühnenbildner und ein Architekt schufen das Filmmuseum aus einer ebenfalls unter Denkmalschutz stehenden Gründerzeitvilla mit einer ganz tollen Innengestaltung, und eine Doppelhausvilla verwandelte der Architekt Oswald Mathias Ungers in das Deutsche Architekturmuseum als Haus im Haus. Dazu kommen noch das Ikonenmuseum im Deutschordenshaus, das Weltkulturenmuseum mit Villa und Haupthaus und einem schönem Garten, das Museum für Kommunikation, das Städel, das Liebieghaus für Skulpturen und das Museum Giersch für regionale Kunst, das von der Universität verwaltet wird.

Jedes einzelne residiert in einer umgebauten großbürgerlichen Villa. Die meisten haben Cafés und sogar Restaurants, die sich ganz unabhängig vom Museumsbetrieb in eigene Treffpunkte verwandelt haben – und dann natürlich das Ufer! Grün, schattig, sonnig, ausgedehnt, mit Bänken und kleinen Bistrots, mit Blumenbeeten, Fahrradwegen, einem Dönerboot wie in Istanbul, im Sommer sogar mit einem Theater. Von einem Museum ins andere ziehen, flanieren – das ist Leben am Fluss auf die genüssliche Art.

———————— ◯ ————————

> In der »Nacht der Museen« 2018 haben sich rund 40 Museen, Ausstellungshäuser und Galerien bis 2 Uhr nachts präsentiert, wie hier das Museum für Kommunikation.

NATIONALVERSAMMLUNG PAULSKIRCHE

Das revolutionäre Frankfurt

Die Nationalversammlung in der Paulskirche von 1848 bis 1849 war eine der bedeutsamsten Perioden in der deutschen Geschichte. Sie markiert eine immense Veränderung der politischen Teilhabe der Bevölkerung an der Gestaltung der Gesellschaft. Bis zu diesem Zeitpunkt war Deutschland zersplittert in unzählige Kleinstaaten mit Herzogtümern, Königreichen und Grafschaften, dominiert vom Königreich von Preußen und dem österreichischen Kaiserreich. Die Nationalversammlung dagegen verstand sich als Institution der revolutionären Kräfte in Deutschland und hatte die Aufgabe zu bewältigen, eine Verfassung zu verabschieden, die für ganz Deutschland gelten sollte.

Die revolutionären Bestrebungen hatten damals ganz Europa erfasst. Nach der Neuordnung Europas auf dem Wiener Kongress 1814/15 waren die konservativen Kräfte wiedereingesetzt worden, aber die Gesellschaft hatte sich unter Napoleons Einfluss und entsprechend der französischen Maxime nach »liberté, egalité, fraternité,« weiterentwickelt. Gleichzeitig wurde die soziale Notlage der durch die wachsende Industrialisierung entwurzelten Arbeiter und Bauern sichtbar. Kaufleute wollten die komplizierten Zollschranken der einzelnen Bundesstaaten nicht länger akzeptieren. Man forderte eine freie Presse, die Befreiung der Bauern von der Fron und demokratische, liberale Regierungen, die sich auch gegen die Verelendung der Arbeiterschaft stark machten. Studenten organisierten sich in freiheitlichen Burschenschaften und wurden zu einer wichtigen Stütze der revolutionären Bewegung. Die Regierenden fanden darauf weder Antworten noch Konzepte.

Die deutsche Revolution begann mit zahlreichen Erhebungen während des März 1848 und gipfelte im Mai 1848 mit der Eröffnung der Frankfurter Nationalversammlung in der Paulskirche, des ersten gesamtdeutsch demokratisch gewählten Parlaments. Sie sollte ein Jahr Bestand haben, in dessen Verlauf die Abgeordneten der jeweiligen Länderparlamente um eine neue Verfassung für den Einheitsstaat Deutschland rangen. Das Königreich Preußen und das Großherzogtum Hannover verweigerten die Teilnahme und schlugen im Mai 1849 die Aufstände nieder.

**»Zu Frankfurt an dem Main
Sucht man der Weisen Stein
Sie sind gar sehr in Nöten
Moses und die Propheten
Präsident und Sekretäre
Wie er zu finden wäre
Im Parla- Parla- Parlament
Das Reden nimmt kein End!«**

Text: Georg Herwegh – 1848

Der Gedanke eines liberal-demokratischen, vereinten Landes indes konnte nicht zerstört werden, egal, wie viele Waffen eingesetzt wurden: Die während der Nationalversammlung von 1848 ausgearbeitete Verfassung bildet bis heute die Grundlage der Verfassung der Bundesrepublik Deutschland.

Die Paulskirche erinnert daran. Und an ihre Verpflichtung für die Demokratie: Sie ist regelmäßig Ort der Verleihung des Friedenspreises des Deutschen Buchhandels während der Buchmesse und des Goethepreises. Auch die in reaktionären Kreisen umstrittene Wehrmachtsausstellung wurde in ihren Räumen gezeigt. Sie ist ein Symbol.

NEUE FRANKFURTER SCHULE

Es macht einfach glücklich

Wie man in der Stadt sehr stolz sein darf auf die philosophisch-revolutionäre, einzigartige Leistung der jüdischen Intelligenzia in der Weimarer Republik, der »Frankfurter Schule« und dem Institut für Sozialforschung (s. S. 70), so kann man sich auch für ihren leichteren, aber nichtsdestotrotz politisch scharfen – und zwar linkspolitisch scharfen – Ableger der »Neuen Frankfurter Schule« begeistern.

Sie hat ebenfalls einen Ort: das Caricatura-Museum. »Die schärfsten Kritiker der Elche waren früher selber welche« – dieser Spruch von F. W. Bernstein empfängt einen, sozusagen zum Denkmal geworden mit einem Elch im Trenchcoat. Zu bestaunen sind darin Wechselausstellungen von Cartoonisten wie Marie Marcks, Gerhard Haderer, Tetsche und Otto Waalkes, für dessen Shows Mitglieder der Neuen Frankfurter Schule die Pointen schrieben.

Aber vor allem der Fundus, der auf den Schätzen der Gründungsmitglieder Hans Traxler, Eckhard Henscheid, Robert Gernhardt, F. K. Waechter und Chlodwig Poth beruht, ist einfach allererste Sahne der deutschen Satiriker- und Karikatur-Szene, und keiner, wirklich keiner, kommt aus diesem Museum heraus ohne ein Grinsen im Gesicht. Man sollte den Besuch allen Griesgrämigen und zynisch Angekränkelten ärztlich verordnen. Er macht einfach glücklich.

Viele Spruchfindungen, Zeichnungen und Kraxeleien sind in den 1970er-, 1980er- und auch 1990er-Jahren auf den geduldigen Bierdeckeln im legendären Eppstein-Eck entstanden, der Lieblingskneipe von Robert Gernhardt und seinen Mitstreitern, die heute immer noch diesen rauen Bierkneipen-Charme ausstrahlt und hoffentlich nie verlieren wird, obwohl sie im mittlerweile durchgestylten Westend liegt. Und seit ein paar Jahren auch ein Pendant in Bornheim hat, für das Eckhard Henscheid persönlich und mit seinem Namen bürgt. Auch hier lohnt sich der Besuch bei chronisch schlechter Laune – denn Karikaturen hängen eingerahmt an den Wänden, und in seinem Stil ist die Speisekarte abgefasst.

Die Ruhmesgeschichte der »Neuen Frankfurter Schule« beginnt in den 1960er-Jahren mit der Gründung der Satirezeitschrift »Pardon«, die von 1979 an in der »Titanic« aufging. Wir verdanken ihr so unvergessene Titelbilder wie »Zonen-Gabis erste Banane« und die Reihe »Birne will Kanzler werden« oder auch den legendären und unvergessenen Cadmiumgelb-Buntstiftfarbentest in der Show »Wetten dass …«. Ohne die Neue Frankfurter Schule, das ist gewiss, wäre die Welt eindeutig ärmer, kälter, humorloser.

OFFENBACH …

… loves you!

Den Frankfurtern wird eine Hassliebe zu Offenbach nachgesagt, und die Offenbacher stehen nicht minder in dem Ruf, ihre Nachbarstadt herzlich zu verachten. Das ist so üblich zwischen Nachbarstädten (siehe Ruhrgebiet). Die reiche Handelsstadt schaut auf das arme Industrie- und Arbeiter-Offenbach herab und betrachtet es kulturell als ihren Hinterhof. Doch seitdem Klaus Wowereit das Motto von »arm, aber sexy« für Berlin reklamierte, könnte man diese Logik sehr wohl auch auf Offenbach anwenden. Reich sein ist nicht unbedingt das Maß aller Dinge, rau und kreativ schon eher. Und auch Wladimir Kaminer sang während seiner Reise durch Deutschland sein Loblied auf Offenbach, nicht auf Frankfurt.

Wer sich dieser Meinung anschließt, dem stellt die Stadt reichlich Anschauung zur Verfügung. Ein lädierter Offenbach-Schriftzug, Kopie des Hollywood-Zeichens über den Hügeln von Los Angeles, empfängt einen an der zentralen S-Bahn-Station Marktplatz, und sofort ist man von der 70er-Jahre-Schäbigkeit und der Tatsache umfangen, dass Offenbach eine Stadt mit etwa 37 Prozent Ausländeranteil ist. Verkehrsgerechte Innenstadt, charakterlose 70er-Jahre-Architektur. Doch schon ein paar Schritte weiter lockt der Ludwigsplatz mit einem der schönsten Regionalmärkte unter Platanen, das Karree umsäumt von pariserisch wirkenden Bistros, und bei der Käserei Abbate im Hinterhaus steht man Schlange. Besseren Mozzarella gibt's auch in der Weltstadt Frankfurt nicht.

Es sah einmal anders aus, grau und eintönig und ein bisschen verwahrlost. Der Fabrikstandort Offenbach verfiel und verarmte mit dem Niedergang seiner Industrien. Im 17. Jahrhundert konnte sich nämlich – bedingt durch den Zuzug hugenottischer Flüchtlinge, denen der hier residierende Graf zu Isenburg Bleiberecht einräumte – eine Tabakindustrie entfalten, später entstand die Lederindustrie. In den 1990er-Jahren versiegten die Einnahmen aus der Gewerbesteuer, Projekte, Sanierungen, infrastrukturelle Verbesserungen konnten nicht verfolgt werden. Weil Wohnraum preiswert war (und ist), stieg der Anteil der ausländischen Bevölkerung rapide an.

Die junge Erfolgsgeschichte Offenbachs beruht auf mehreren parallelen Entwicklungen. Da ist zum einen die Kunst- und Künstlerszene. Die Hochschule für Gestaltung residiert im Isenburger Schloss, ursprünglich ein Renaissancebau für das mittelalterliche Grafengeschlecht Isenburg. Das in leuchtendes Orange getauchte Gebäude direkt am Main ist sowieso ein einziger Hingucker. Und wo Kunst gelehrt wird, etabliert sich auch eine Kunstszene … genau das ist in Offenbach passiert. Außerdem produziert das Raue Reibung, der Mangel Kreativität; auf einem solchen Nährboden entstehen außergewöhnliche Ideen.

Dann wurde das Mathildenviertel restauriert, eine Arbeiterwohngegend aus dem 19. Jahrhundert, ähnlich gebaut und strukturiert wie das Frankfurter Ostend, mit gründerzeitlichen Häusern, den heute viel begehrten Altbauten. Hier leben häufig Studenten-WGs, weil der Wohnraum (noch) erschwinglich ist. Aus dem Viertel heraus bildete sich eine Kreativwerkstatt mit Ausstellungs- und Konzertraum. Eine Lichtinstallation junger Offenbacher Künstler schmückt eine Jugendherberge, und dass die Stadt sich auf ihre erfindungsreichen Bewohner verlassen kann, beweist die Initiative »Offenbach loves you« mit vielen Projekten.

Die untergründige Rap-Migranten-Szene hat hier eine Hochburg. Durch die vielen ausländischen Gemeinden hat sich eine kulinarische Szene entwickelt, die mittlerweile Ziel von eigenen Gastro-Touren ist. Und auch die Clubszene liebt Offenbach – es gibt also überhaupt keinen Grund für Herablassung, doch vielleicht ein bisschen eher für Neid?

OPEL RÜSSELSHEIM

Nähmaschinen, Fahrräder, Autos

Automobile? Nein, Nähmaschinen waren die ersten Produkte, die der Schlossermeister Adam Opel produzieren ließ. Mit Automobilen hatte er nichts im Sinn. Der 1837 in Rüsselsheim geborene Sohn eines Schlossers arbeitete zunächst in der Familienwerkstatt auf dem Rüsselsheimer Löwenplatz, bevor er auf Wanderschaft ging, die ihn u. a. nach Paris führte, wo er in einer Fabrik für Nähmaschinen sein Geld verdiente. Als er im Jahr 1862 nach Rüsselsheim zurückkehrte, widmete er sich diesem neuen Produktionszweig, zunächst in der Werkstatt des Vaters, später in einer eigenen Fabrik, die sich im Bereich des heutigen Hauptportals von Opel befand. 1886 nahm er sich Fahrräder vor und produzierte sie mit einem noch größeren Erfolg; bald avancierte er zum größten Hersteller in Deutschland.

Damit schickte er auch den Manufakturstandort Rüsselsheim am Rand von Frankfurt auf einen Höhenflug. Zuvor hatten sich dort bereits kleinere Manufakturen und Fabriken für Hüte, Kokosmatten, Teppiche und Zichorienkaffee etabliert. Um die Jahrhundertwende dann nahm die Firma Opel – mittlerweile die nachfolgende Generation – die Automobilproduktion auf und entwickelte sich zum industriellen Großbetrieb, der als Erster in Deutschland das Fließband einführte.

Opel und Rüsselsheim – das eine ist ohne das andere nicht denkbar. Opel als einer der führenden Automobilhersteller prägte auch das Stadtbild. Eine Statue des aufrechten Firmengründers Adam Opel begrüßt jeden Besucher, den es nach Rüsselsheim verschlägt. Es ist in S-Bahn-Nähe platziert, vor dem beeindruckenden, im Jahr 1912 erbauten Opel-Portalgebäude, einem Monument der Synthese von Moderne, Expressionismus und Klassizismus, der die Ästhetik der Weimarer Republik auf das Schönste widerspiegelt. Auch die Fabrikgebäude des Opelwerkes im Südwesten mit eigenem Bahnanschluss (heute S-Bahn-Station) sind in diesem Stil gehalten. Dazu entstanden Wohngebiete für Arbeiter. Sie konnten das eigens für sie entworfene vierzimmerige Opel-Haus mit Opel-Krediten selbst erwerben. Es gibt ein Arbeiterdenkmal und eine Arbeiterkirche.

Den gesamten Hoch- und Niedergängen von Opel, die dem Unternehmen keine Kontinuität beschert haben, zum Trotz: Die Opelaner empfinden sich als eine Familie, die zusammenhält. Für Rüsselsheim sind sie eine Ikone der Arbeiterschaft.

> Ein altes Werbeschild präsentiert den OPEL-Motorwagen.

OST- UND WESTHAFEN

Der eine in Betrieb, der andere stillgelegt

Mit Frankfurt verbindet man einen Flughafen, aber keinen Hafen. Dabei hatte die Stadt sogar zwei, einen im Osten und einem im Westen. Vom 1886 eingeweihten und weitgehend stillgelegten Westhafen sind noch ein paar Anlagen unterhalb des Hauptbahnhofes übrig, aber als in den frühen 1990er-Jahren das Schlagwort vom »Wohnen am Fluss« des Planungsdezernenten Martin Wentz (s. S. 182) die Runde machte, wurde der Westhafen zu einem Stadtquartier umgewidmet.

Die Kundschaft, die man dabei im Visier hatte, sollte schon über das gewisse Kleingeld verfügen. Denn die besondere Lage direkt am Fluss konnte man ja auch nutzen, z. B. durch kleine private Molen. Für die eigene kleine Yacht? Für das Segelboot? Der Westhafen wurde also zum teuren Wohnquartier für 2000 Menschen umgestaltet, inklusive Platz für Büros und Gastronomie. Das Hafenbecken blieb erhalten, zwei Stege rahmen die neu errichteten Wohnblöcke. Nur ging das Konzept nicht so ganz auf. An den kleinen Molen dümpeln nicht sehr viele Privatyachten – Frankfurt ist eben nicht Cannes.

Auch mit der Gastronomie hat es nicht so ganz geklappt. Es gibt zwar einen Italiener, einen der besten der Stadt sogar (!), aber er betreibt das Restaurant eines teuren Altenwohnheims, was seine Beliebtheit nicht gesteigert hat. Ansonsten gibt es noch den schnieken Westhafen Tower mit einem sehr guten Restaurant, der auch eine Bar und eine tolle Terrasse hat. Die Bewohner müssen im Bahnhofsviertel oder im Gutleutviertel um die Ecken ziehen.

Dafür ist der Osthafen ein ganz normaler Hafen geblieben. Seine direkte Umgebung macht gerade eine Transformation durch, bedingt durch die unmittelbare Nähe der EZB, doch im Containerhafen wird weiter gearbeitet. 2500 Schiffe legen hier jährlich an. Der Hafen umfasst vier Becken, eine eigene Hafenbahn, die den Osthafen mit dem Hauptbahnhof und dem Flughafen verbindet, und sogar eine Hafenpolizei. Kräne transportieren die Container von Schiffen auf ihre Lagerplätze und wieder zurück. 115 Frachtfirmen haben hier ihren Sitz. Und alle zwei Jahre bringt sich der Osthafen in die Stadtgesellschaft ein und gibt ein Wochenendfest mit Führungen, Bootsfahrten und Musikbühnen.

RITTERSLEUT' IN SACHSENHAUSEN

Schiefhäusige Heimeligkeit

Frankfurt teilt sich auf: in Frankfurt und Sachsenhausen, in hibbdebach und dribbdebach. Dribbdebach, also »drüben am Bach«, das ist Sachsenhausen. Der Bach ist selbstverständlich der Main. Damit sind schon die Voraussetzungen für die beiden Stadthälften geklärt.

Sachsenhausen bezieht seinen Namen aus einer Legende aus der Zeit der Christianisierung im 8. Jahrhundert. Die gottesfürchtigen Franken entflohen den noch »heidnischen« Sachsen über eine Furt im Main, die ihnen eine Hirschkuh angezeigt hatte. Darauf siedelten sie sich in der Frankenfurt, Franconofurt, an, während die unterlegenen Sachsen, denen die Hirschkuh natürlich nicht erschienen war, mit dem anderen Ufer vorlieb nehmen mussten. Soweit die Legende.

Die die Sachsenhäuser aber überhaupt nicht umtreibt. Sachsenhausen verstand sich immer schon als eigenständiges Viertel und nicht als Anhängsel von Frankfurt. Geschichtlich und politisch war es mit der Königspfalz am anderen Ufer allerdings eng verknüpft, siedelten sich doch viele Ministerialen, also Beamte – oft im Ritterstand – in Sachsenhausen an. Dribbdebach war im 12. Jahrhundert eine richtige Ritterhochburg (aber keine Burg), wovon die beiden Straßennamen »Kleine« und »Große Rittergasse« künden. Es hat auch einen Platz, der nach einem Ritter benannt ist, nämlich Walther von Cronberg.

Bei einer so weit zurückreichenden Tradition verwundert es nicht, dass sich das älteste Haus der Stadt in Sachsenhausen befindet. Es wurde zur selben Zeit wie der Stauferhafen errichtet, nämlich im 13. Jahrhundert. Das Holz, das für die Streben und Stützbalken des Fachwerkbaues verwendet wurde, hat ganz eindeutig das Haus in der Schellgasse 8 als solches identifiziert. Es steht etwas verloren in einem kleinen Garten an der Walter-Kolb-Straße, die gleichzeitig die Bundesstraße 43 ist, insofern rauscht hier ordentlich Verkehr vorbei. Ebenfalls richtig alt, nämlich aus dem 13. Jahrhundert, ist das Deutschordenshaus, das heute das Ikonenmuseum beherbergt.

Ritter und Fachwerk – da sind wir gleich mittendrin in einem Teil des Viertels, nämlich in Alt-Sachsenhausen. Wie ein kleines Dorf hat es sich inmitten des Stadtteils erhalten. Es ist architektonisch ein Kleinod, ein sehenswertes, ziemlich verwinkeltes Fachwerkhaus-Ensemble mit vielen originellen Ausschmückungen, winzigen Plätzen und Brunnen aus Mainsandstein. Hier ist die volkstümliche Gastronomie der Apfelweinkneipen (s. S. 10) entstanden, ziemlich uriger Wirtshäuser, an deren Tischen und Bänken man lässig zusammensitzt. Fast möchte man sie als Kopie der mittelalterlichen Schankwirtschaften verstehen, die es in der Messestadt Frankfurt in Hülle und Fülle gab.

Zwischen diese schiefhäusige Heimeligkeit haben sich allerdings Sangria-Caipirinha-Bierhöllen-Kneipen geschoben: Der Ruf geht den Bach runter, seit hier Junggesellenabschiede grölend gefeiert werden. Alt-Sachsenhausen driftet in Richtung Ballermann ab. Mit diesem Renommee ist keiner zufrieden. Der Wind hat sich zwar etwas gedreht, seit die angesagtesten Gastronomen der Stadt mit neuen Bars das Bild ein wenig aufhübschen wollen und seit es einen neuen Markt, den Alt-Sachs, gibt, der sich zum freitäglichen gehobenen Freilufttrinken entwickeln möchte.

Toller Balkon

Wieso heißt der Römer eigentlich Römer? Frankfurter sind damit aufgewachsen, dass der »Römer« das Rathaus der Stadt ist – es hieß immer und heißt eben so und wurde nicht hinterfragt. Der Römer (und der Römerberg davor, dieses kleine Hügelchen mit dem Justiziabrunnen) bilden seit Urzeiten die Mitte der Stadt. Und in die Mitte der Stadt gehört immer ein Rathaus, oder?

Seit dem 15. Jahrhundert tagte der Rat der Stadt Frankfurt im Römer. Die Stadt hatte dazu 1405 zwei Häuser gekauft, den »Römer« und den »Goldenen Schwanen«. Das »Haus Limpurg« kam später hinzu. Das Ensemble bestand aus einem Wohnhaus und großen Hallen im Erdgeschoss. Seit so langer Zeit ist der Römer Rathaus und Sitz des Oberbürgermeisters, dass sein Name zur Selbstverständlichkeit geworden ist, die man nicht hinterfragt. Aber natürlich gibt es Gründe dafür, und davon gleich zwei. Zum einen lagerten zu Messezeiten in den Hallen die Waren italienischer Händler; zum anderen hieß eine Familie so bzw. sie wohnte in diesem Haus und bezog daraus ihren Nachnamen.

Wie auch immer, Prachtentfaltung war den Kaufleuten eher fremd. Es gibt keine aufwendigen Gobelins, keine samtbrokatenen Portieren im Rathaus. Aber der Kaisersaal als Herzstück des Römers wartet mit einer prächtigen Porträtgalerie aller hier gekrönten Könige und Kaiser auf. Die Porträts stammen freilich nicht aus der jeweiligen Epoche, sondern sind auf Initiative des damaligen Direktors des Städel zwischen 1839 bis 1853 gemalt worden, 52 an der Zahl, von 33 Künstlern gestaltet. Dabei entstanden 47 Ganzkörperporträts, wobei das repräsentativste natürlich Karl dem Großen zugedacht wurde, sowie kleinere Gemälde.

1806 war dann Schluss mit dem Heiligen Römischen Reich Deutscher Nation. Aber im Kaisersaal wird immer noch herzlich gerne empfangen. Und anschließend geht es dann meist auf den schönen Balkon, zumindest wenn man die Eintracht ist oder die Fußballnationalmannschaft (sofern sie nicht Erster geworden ist und lieber unter dem Berliner Brandenburger Tor feiert, was sie in letzter Zeit – zu Recht – häufiger getan hat).

Ganz besonders stimmungsvoll ist der Römer, wenn der Weihnachtsmarkt mit der Riesentanne davor sich zu seinen Füßen ausbreitet. Denn seine kostbare Sandsteindekoration, die mittelalterlichen Treppengiebel, die hohen Spitzbogentore und die hübschen Biforienfenster liefern eine äußerst heimelige Kulisse. Lustig ist, dass ausländische Touristen ihn fotografieren oder mit ihm im Hintergrund ein Selfie machen als wäre es der Dom von Florenz.

ROMANTIK

Der Literatur ein Museum

Oh die Romantik! Welch' überschwängliche, besondere Kunstrichtung! Die Klassik mit ihren weltbewegenden Themen fand ihr Ende, die französische Revolution war vorbei, Goethe, Schiller und Beethoven mit seiner »Ode an die Freude« wichen einer neuen Innerlichkeit. Das politisch Aufbegehrende, das Umstürzlerische hatte keine Früchte getragen, der Wiener Kongress zog die politische Restauration nach sich. Nun erschienen Schubert, Schumann, Berlioz, Hölderlin, E. T. A. Hoffmann, Achim und Bettine (s. S. 33) von Arnim, Friedrich Schlegel und Novalis und widmeten sich dem Alltäglichen, der Erkundung des Selbst, der Empfindsamkeit, dem Irrationalen.

Clemens von Brentano beobachtete sechs Jahre lang eine Nonne, die die Wundmale Christi aufwies, beschrieb ihre Visionen und verband sie mit seiner eigenen Sinnsuche. (Sein Rosenkranz übrigens wird derzeit im Frankfurter Goethemuseum aufbewahrt.) Die Dichter und Komponisten konsumierten Drogen, um ihr Bewusstsein zu erweitern, und überprüften den Liebesbegriff. »Indem ich dem Gemeinen einen hohen Sinn, dem Gewöhnlichen ein geheimnisvolles Ansehn, dem Bekannten die Würde des Unbekannten, dem Endlichen einen unendlichen Schein gebe, so romantisiere ich es«, schrieb Novalis.

Wichtige Salons der Romantik befanden sich in Frankfurt. Man traf sich im Stammhaus der Brentanos, dem »Haus zum goldenen Kopf« (das heute allerdings ein Parkhaus ist) ganz in der Nähe des Goethe-Hauses. Die Brentanos unterhielten ihren eigenen Landschaftspark vor den Toren der Stadt, den sie im romantisch-englischen Stil entwerfen ließen. Ein bisschen Abenteuer und Schauerromantik dürften also mitgestaltet haben. Die Eltern von Bettine und Clemens sind im Karmeliterkloster begraben.

Nun soll in Frankfurt ein Museum der Romantik entstehen, einer geistigen Richtung, die bis ins späte 19. Jahrhundert hinein wirkte. Zeichnungen und Skizzen der Romantiker, z. B. aus dem Besitz von Bettine von Arnim, auf die sich auch Clemens von Brentano in seinen Dichtungen bezieht, und eine umfangreiche Porträtsammlung sowie Bilder u. a. von Ludwig Emil Grimm (einem der Grimm-Brüder) werden dort ausgestellt sein. Zum Fundus des neuen Museums gehören außerdem eine wertvolle Handschriftensammlung und Erinnerungsstücke, die einen Einblick ins private Leben geben sollen. Interessant wird auch sein, wie sich Geheimrat Goethe dort einfügen wird, denn auch er soll – in ganz neuer Rolle – als Romantiker einbezogen und präsentiert werden.

ROTHSCHILD

Die beispiellose Karriere beginnt im Judenghetto

Die Familie Rothschild zählt heute zu den berühmtesten und einflussreichsten Bankier-Dynastien weltweit, und in Frankfurt stand ihre Wiege. Genauer: im jüdischen Ghetto. Ihr Nachname entspricht nicht wie üblich der Adresse ihres Hauses, denn sie lebten im Haus »Zum grünen Schild«. Straßennamen existierten zur damaligen Zeit nicht, schon gar nicht in der Judengasse.

Meyer Amschel Rothschild (1744–1812), der in dieses Haus hineingeboren wurde, gilt als Begründer der Dynastie und ihr frühester Stratege. Karrieren zu machen, war der jüdischen Einwohnerschaft keineswegs untersagt, wohingegen ihnen alles andere schon untersagt war: am gesellschaftlichen Leben teilzunehmen, gesellschaftliche Anerkennung oder ganz normale Bürgerrechte zu genießen. Pogrome, Plünderungen, Verwüstungen des Besitzes und Ermordungen überrollten in zahlreichen Wellen das jüdische Ghetto der Judengasse (s. S. 112), das während der Nacht, sonntags und an kirchlichen Feiertagen durch Tore verschlossen wurde. Später wurde diese Maßnahme mit dem Argument legitimiert, dass man sie vor solchen Übergriffen schützen müsse.

Die jüdische Bevölkerung lebte hauptsächlich vom Handel und Geldwechsel, so auch Vater Meyer Amschels. Der Sohn spezialisierte sich auf antiquarische Münzen. Ein Berufsfeld stand reichen Juden immer offen: die Finanzierung der Fürstenhöfe. Meyer Amschel Rothschild wurde Hoffaktor des Kurfürsten Wilhelm von Hessen, eines der reichsten deutschen Adeligen. In seine Geschäfte bezog er später auch seine fünf Söhne mit ein, die sie in verschiedenen europäischen Hauptstädten wie Brüssel, Rom und London auf eine

∧ Unterhalb des Museums Judengasse sind die steinernen
Überreste des jüdischen Ghettos zu finden.

breite Basis stellten. Mit ihrer Präsenz in den wichtigsten Finanzme-
tropolen und ihrem Einfluss auf zahlreiche Fürstenhäuser lieferten
sie ein beredtes Beispiel für das Schlagwort der Finanzaristokratie.

Als im Jahr 1796 den Juden erlaubt wurde, das Ghetto zu verlassen,
blieb die Familie Rothschild dort zunächst in ihrem mehrstöckigen,
schmalbrüstigen Haus wohnen, das eines der prächtigsten in der
Judengasse war: unten die Kontore, dann bis zum Walmdach die
Wohn- und Schlafstuben. Guttle Rothschild, die Ehefrau Meyer
Amschels, lebte bis zu ihrem Tod im Ghetto. Die Rothschilds haben in Frankfurt überall Spuren gesetzt. In öffentlichen Parks, die
auf ihren Besitz zurückgehen, vor allem aber in zahlreichen Stiftungen. So geht die erste öffentliche Bücherei der Stadt auf eine
Rothschild-Stiftung zurück oder die Zahnklinik Carolinum, die
den Universitätskliniken angeschlossen ist; an zahlreichen weiteren
waren sie beteiligt. Insgesamt verdankt Frankfurt den Rothschilds
19 Stiftungen.

Und ihre Spuren heute? Das klassizistische Rothschild Palais, das bald wieder (angeblich noch 2018) das jüdische Museum aufnehmen wird, der alte jüdische Friedhof an der Battonnstraße, der ein bisschen so aussieht wie der Friedhof von Prag und genau so alt ist, oder die Mauern des Judenghettos unterhalb des Museums der Judengasse – sie alle legen Zeugnis ab von der unfassbaren Geschichte dieser Familie.

SCHREBERGÄRTEN AN DIE MACHT

Verteidigt das Grün!

Dass Frankfurt grün ist, wurde zur Genüge bewiesen. Hier regierte die erste rot-grüne Stadtregierung in ganz Deutschland, die zahlreiche grüne Projekte anschob. Eines aber ist von ganz allein entstanden; oder vielleicht nicht ganz von allein – auch hier zeichneten die Stadtoberen verantwortlich. Aber was dann daraus wurde, haben einzig und allein die Mitglieder geleistet. Laubenkolonie, Obst- und Gartenbauverein, Kleingartenkolonie – in Frankfurt gibt es 16.000 davon, zusammengefasst und verwaltet von 111 Vereinen, und keiner soll denken, die Zahlen wären rückläufig. Ganz im Gegenteil! Sie stagnieren derzeit aus dem einzigen Grund, dass es keinen Raum mehr gibt im städtischen Gefüge, das sich auch um Wohnungsbau kümmern muss (Frankfurt wächst und wächst), aber die Nachfrage steigt. Zumindest genießen die Kleingärten Bestandschutz. Doch auch sie können bei einer Erweiterung des Stadtraums für Wohnflächen geopfert werden – in Frankfurt im besonders bei Migranten beliebten Rebstockgelände, im idyllischen Fechenheim und im sogenannten Innovationsquartier. Dabei ist der Schrebergarten in Zeiten der Lebensmittelskandale, der täglichen Rückrufe irgendwelcher Produkte von Discountern, ein immer begehrteres Gut. Ganz so, wie es in den 1890er-Jahren, als die ersten Schrebergärten auftauchten, gang und gäbe war, bauen die heutigen Besitzer Obst und Gemüse an und stellen nicht etwa die Hollywoodschaukel neben den aufblasbaren Gummipool. So wissen sie wenigstens, was sie essen: Sie säen es ja selbst aus.

Viele Familien zählen zu den Pächtern der Kleingärten (teilweise sind es bis zu 70 Prozent), und den Vereinen obliegt die Aufgabe, für eine soziale Mischung zu sorgen, also auch Migranten und Senioren bei einem frei werdenden Platz zu berücksichtigen. Wer dann einen solchen Garten ergattert hat, der darf sich glücklich schätzen.

Von schwarzen Schafen und Stiftern

Die Senckenbergs sind eine illustre Frankfurter Familie, deren Wurzeln bis mindestens ins 17. Jahrhundert zurückreichen und denen die Welt unter anderem das Senckenberg-Museum zu verdanken hat, eines der bedeutendsten Naturkundemuseen Europas.

Aber jede Familie hat auch ihr Enfant terrible, und wenn man der Geschichtsschreibung glauben darf, so hieß es im Falle der Senckenbergs Johann Erasmus (1717–1795), war jüngerer Bruder des ehrenwerten Naturforschers Johann Christian (1707–1772) und verbüßte die längste Haftstrafe, die je ein Insasse in der Frankfurter Hauptwache absitzen musste: ganze 26 Jahre. In der Haft verstarb er auch. Sie dürfte aber nicht besonders schlimm gewesen sein, denn er stand unter der Protektion seines berühmten und wohlgeachteten Bruders sowie des

Habsburger Kaisers Joseph II. Die Delikte, wegen derer er in Haft gehalten wurde, füllten eine lange Liste: Vergewaltigung, Majestätsbeleidigung, Verleumdung, Mordversuch, Dokumentenfälschung, Erpressung. Doch immer wieder wurden die Prozesse jahrelang verschleppt.

Sein Bruder, Johann Christian, erlitt ebenfalls einen denkwürdigen Tod: Der edle Stifter, Naturforscher und Biologe, der im Jahr 1763 sein gesamtes Vermögen wohltätigen Zwecken und Forschungsprojekten zur Verfügung stellte, starb ausgerechnet bei der Besichtigung der Baustelle des von ihm gestifteten Bürgerhospitals 1772.

Auf ihn gehen der Botanische Garten, das medizinische Institut am Eschenheimer Turm, naturhistorische Sammlungen, die den Grundstock für das Senckenberg Museum legten, und eine umfangreiche Bibliothek zurück – Schätze, die der Stifteridee des Frankfurter Bürgertums weiter Ausdruck verleihen. Ohne ihn gäbe es die Dinosaurierskelette nicht, nicht die Flugsaurier und das 50 Millionen alte Urpferdchen aus der Grube Messel. Ohne ihn wäre der Naturkundeunterricht vermutlich zum Einschlafen. Das Senckenberg Museum schlägt eine ganz wunderbare Brücke, über die ungezählte Schulkinder gehen können … und es wird nie langweilig.

SKYLINE

Sie ignoriert Grenzen

Jetzt, wo hoch aufragende Wohntürme Mode sind und in Frankfurt heiß begehrt (man fragt sich nur, wer sich das alles leisten soll), kommen sozusagen täglich neue Ausrufezeichen dazu. Die traditionelle Skyline Frankfurts, die bis vor Kurzem aus Banken, Geschäftshäusern und Firmenzentren bestand, entwickelt sich so rasant weiter, dass man schnell den Überblick verliert (s. Baustellen S. 35). 170 Meter, 257 Meter, 208 Meter, 300 Meter, 159 Meter …

Für die klassische Silhouette sorgen die glitzernden Doppeltürme der Deutschen Bank, der Monolith des Opernturms, die Sternchenkrone der DZ Bank, der Gallileo Art Tower, der Messeturm mit seiner Art-déco-Pyramidenspitze und der Main Tower, alles entstanden in den Dekaden zwischen 1990 und 2010 in den unterschiedlichsten Moden: transparentes Glas, abgedunkeltes Glas, Stein, Granit, Spiegelhüllen, Silberhüllen.

Abgesehen davon, dass es zwischen all den Türmen in der City zieht wie Hechtsuppe, erfüllt es doch die meisten Frankfurter mit Stolz, ihre Skyline zu betrachten. Etwas abgerückt von diesem Ensemble steht die EZB mit ihrer spiralförmigen Anmutung fast direkt am Main im Ostend, ebenso wie gegenüber am Sachsenhäuser Ufer der lustige dunkelrote Backsteinbau des Main Plaza Hotels mit seinen golden verzierten Spitzen, die die legendäre 1930er-Jahre-Architektur New Yorks nachahmen.

Jetzt hat die Offensive der Wohntürme begonnen, wie in China. Da nimmt es nicht Wunder, dass einer der bekanntesten Architekten Deutschlands und Shooting Star der Szene, Ole Scheeren, der in Singapur und China die Einwohner eines ganzen Dorfes in einem einzelnen Wohnturm untergebracht hat, auch in Frankfurt wirkt. Er baut gerade den monolithischen Firmensitz der Union Invest um, und zwar zu Wohnungen, mit gebrochener Fassade, mehr Licht als zuvor und begrünten Flächen. Billig wird man dort nicht wohnen (100 Mietwohnungen, 120 Eigentumswohnungen), aber immerhin sollen 34 sozial geförderte Wohnungen integriert werden.

Union Invest hat seinen Firmensitz in ein weiteres Prestigeobjekt verlegt: das Maintor Quartier (s. S. 35), das man in hoffnungsfreudiger Erwartung an die Brexit-Aussteiger Riverside Financial District getauft hat. Daraus wurde zwar nichts, die europäische Finanzaufsicht zieht von London nach Prag. Aber vermietet sind diese Flächen dennoch.

Der Henninger Turm bietet in seiner Turmkorbtrommel (s. S. 104) Luxus-Penthouses, und am bisher ziemlich schäbigen Güterplatz entsteht der Grand Tower, der mit 172 Metern der höchste Wohnturm Deutschlands werden soll. Und ein Ende? Nicht in Sicht.

SPRUNGBRETT

Die beste Oper der Welt! (Wenn es nach den Frankfurtern gehen würde)

Mehrmals – bis 2017 fünfmal – wurde sie im letzten Jahrzehnt als »Oper des Jahres« gekürt, nicht immer für eine einzelne Inszenierung, oft für die Ensemble-Leistung, das Orchester und das gesamte Engagement, das die Oper Frankfurt unter ihrem derzeitigen Intendanten Bernd Loebe für die Stadtgesellschaft zeigt. So gibt es regelmäßig Workshops für Kinder und andere besondere Veranstaltungen. Das ist durchaus im Sinne des Intendanten, verantwortlich seit 2002 und voraussichtlich bis 2023. Denn, klar ist: Jonas Kaufmann und Anna Netrebko befinden sich nicht im Ensemble, dafür ist gar kein Geld da; dafür reist er stetig durch die Welt, um neue, vielversprechende Stimmen für seine Oper zu finden. Denn nicht um Stargeflimmer geht es ihm, um einen teuer eingekauften Gast, der kaum zu den Proben des Ensembles kommt, weil er die Rolle in seinem Repertoire hat und sich um die Inszenierung nicht schert, sie also sozusagen überall singen kann. Es geht um den Ensemble-Gedanken; und es geht darum, ein Sprungbrett zu sein.

Diesbezüglich kann Frankfurt wirklich auftrumpfen. Diana Damrau, Christiane Karg oder Klaus Florian Vogt z. B. haben in Frankfurt gesungen, bevor sie an der Met landeten und sich zu international gefeierten Stars entwickelten. Die Produktion der »Carmen« von 2016 wurde an das Royal Opera House in London übernommen, »Die Passagierin« von 2015 Jahr gastierte bei den Wiener Festwochen.

Doch die Arbeit hat auch viel mit den finanziellen Möglichkeiten zu tun, die die Oper bieten kann. Sie hat ein derart hohes Niveau, dass laut Loebe immer wieder Sänger als Gast von einer anderen Bühne abgeworben werden, zu einem deutlich höheren Honorar. Dieses Engagement wird selbstverständlich gegönnt, denn die Publikumslieblinge kehren eigentlich immer wieder gerne nach Frankfurt zurück, zumal hier die Inszenierungen ästhetisch ebenfalls auf einem sehr anspruchsvollen Niveau angesiedelt sind. Denn erst dort entfaltet sich, wenn man es mit der Oper genau nimmt, ihr Zauber: im Spiel des Ensembles.

SOMMERGÄRTEN

Vergnügen der Hautevolee des 18. und 19. Jahrhunderts

Im Norden, im Westen, im Osten und im Süden ist das Stadtbild Frankfurts von Grün durchwoben. Betonwüsten am Stück? Fehlanzeige. Das ist das Erbe all der feinen Familien, die sich in Frankfurt im 17. und 18. Jahrhundert niedergelassen hatten – der Seiden- und Tuchhändler, der Bankiers, Adeligen, Zugezogenen (wie die italienischen Bolongaros und Brentanos) und der jüdischen Familien (wie die Rothschilds).

Sie alle ließen sich, weil es Mode war, Parks und Gärten anlegen, mit Heckenlabyrinthen, Teichen und alten Bäumen, mit Weihern, Pavillons und Lichtungen. Die Rothschilds, die Bethmanns, die Brentanos, die Goethes, die Adlerflychts, die Metzlers und die Holzhausens, kurz: die ganze Hautevolee war da besonders spendabel. Sie liebte ihre Sommergärten, die oft genug aus Landsitzen und Gutshöfen hervorgegangen waren und kleine Schlösschen hatten wie das Wasserschloss im Holzhausenpark, heute – typisch frankfurterisch – Sitz der Bürgerstiftung. Sogar ein echter Schinkelbau thront als Petrihäuschen im Brentanopark.

Die Geschichte reicht weit zurück. Im 12. Jahrhundert ist bereits der Solmspark überliefert, damals eine Wasserburg der Grafen zu Solms. Der Holzhausenpark entstand zusammen mit einem Landgut im 14. Jahrhundert. Im Bethmannpark spazierte so manches Mitglied der Kaiserfamilie auf Besuch, die Landschaftsauffassung der Romantik floss in die Gestaltung des Brentanoparks ein, und Goethe soll gleichsam überall gesichtet worden sein: im Grüneburgpark, im Bethmannpark und natürlich im Brentanopark, wo ihn ein Gingkobaum inspiriert haben soll.

Besonders die Familie Rothschild hat sich als Liebhaber von Parks und Sommergärten hervorgetan. Gleich drei gehen auf ihre Initiative zurück; neben dem (heute stark verkleinerten) Rothschildpark sind es der Grüneburgpark und der Günthersburgpark, heute mit ihrem kostbaren Baumbestand und den sanften Wiesen die Lieblinge fürs Freizeitwochenende.

> Der Rothschildpark wurde im 19. Jahrhundert im Stil eines englischen Landschaftsgartens angelegt. Der Neugotische Zierturm ist noch erhalten.

Ein Adelsgeschlecht wirkt nach

Im ziemlichen Durcheinander der Frankfurter Innenstadt fallen zwei landmarks auf, die scheinbar unverbunden mit dem Stadtgeflecht zu sein scheinen: Da ist zum einen die Straßenbezeichnung »An der Staufenmauer«, zum anderen der »Stauferhafen«, über den, als er bei Ausschachtungsarbeiten entdeckt wurde, großer Jubel ausbrach. Denn er befand sich ausgerechnet an der Stelle, an der das neue Historische Museum (s. S. 105) gebaut werden sollte. Dass diese Stelle auf historischem Boden stand, war klar, das zeigten ja der Rententurm aus dem 14. Jahrhundert und die Stauferpfalz, die in das Museum einbezogen wurden. Aber welch kostbare Relikte noch unter der Erde harren sollten, das war nicht vorherzusehen.

Das kleine Stück erhaltener Staufenmauer hinter der Konstablerwache und Fahrgasse hingegen steht bislang ausgesprochen ungewürdigt zwischen Asia-Supermarkt und Büchergilde auf einer Brache, die bei osteuropäischen Kleindealern ziemlich beliebt ist.

Dieses Schicksal hat sie nicht verdient! Denn die Staufer waren das Adelsgeschlecht, das die Stadt überhaupt erst groß gemacht hat. Zwischen dem 11. und 13. Jahrhundert stellten sie zahlreiche römisch-deutsche Könige und Kaiser, darunter den legendären (und despotischen) Friedrich I. Barbarossa, den »deutschesten aller Kaiser«, dessen Seele laut Legende im Kyffhäuser auf bessere Zeiten wartet, sowie seinen Nachfolger Friedrich II., der im Jahr 1240 Frankfurts Bedeutung als internationalen Markt abstützte, indem er die eintreffenden und abreisenden Händler unter seinen Geleitschutz stellte. Das war natürlich ein ungeheures Privileg für die Messebesucher und -händler, die aus vielen Provinzen und Königreichen nach Frankfurt strömten, denn nun standen sie und ihre Besitztümer und Waren unter kaiserlichem Schutz. Damit war, darüber sind sich alle Historiker einig, der Grundstein für Frankfurts Prosperität gelegt. Die Bedeutung der Stadt wurde von den Staufern noch weiter erhöht, als hier Könige und Kaiser gewählt und gekrönt wurden, Barbarossa übrigens 1152 noch im Aachener Dom.

Die Stauferkaiser waren Wanderkaiser und hielten sich in mehreren Pfalzen auf. Die in Frankfurt zeigt das ganz deutlich: Sie ist zu klein, um üppig zu repräsentieren. Was sich zwischen den historischen Mauern rekonstruieren ließ: Die Versammlungssäle und Gänge hatten keine besonderen Ausmaße. Im Historischen Museum wird ihre Geschichte im Untergeschoss erlebbar, denn man läuft praktisch über Stegen an Gebäudeteilen, Kanälen, Säulen, Mauerfragmenten und mit Blumenranken verzierten Kapitellen vorbei – quasi IN der echten Stauferpfalz!

FRANKFURTER STIFTUNGEN

Woraus Frankfurt gemacht ist

Die Katharinenkirche an der Hauptwache ist eher schlicht gehalten, umso mehr fällt ein großes, koloriertes Sandstein-Reliefbild auf. Es zeigt den edlen Ritter Wicker Frosch und damit den allerersten Stifter Frankfurts. Mit seinem Vermögen gründete er gemeinsam mit Katharina von Rebstock das Katharinen- und das Weißfrauen-stift – und zwar anno 1227! Damit sind wir schon mittendrin in der ganz besonderen Geschichte, die Frankfurts Identität geschaffen hat wie keine zweite Stadt in Deutschland. Krankenhäuser, Mutter-Kind-Heime, Spitäler, Armenhäuser, Wohnstifte, Stiftungen für unversorgte Töchter und Witwen aus dem Ratsherrenverband, Oper und Theater beruhen auf dem finanziellen Engagement seiner Bewohner. Wicker Frosch war vielleicht nicht wirklich der Erste, aber er war der Erste, der verbürgt und dokumentiert ist.

Frankfurt wird geprägt von seinen Bürgern und seinen Stiftungen. Nicht nur die Institutionen der Wohlfahrt und Versorgung, sondern auch ein ganzes Museum (das Städel), der Erwerb von Gemälden und die Errichtung von Denkmälern beruhen auf dem finanziellen Engagement seiner Bewohner. Palmengarten, Alte Oper, sogar die Universität Johann Wolfgang Goethe gäbe es nicht ohne deren Zutun. Das berühmte Institut für Sozialforschung mit Theodor W. Adorno, Erich Fromm, Herbert Marcuse und Max Horkheimer, das die »Frankfurter Schule« begründen sollte, stiftete im Jahr 1923 ein Getreidehändler. Das Carolinum, die bis heute noch bestehende Zahnklinik des Universitätsklinikum, stifteten die Rothschilds.

Überhaupt ist Frankfurts kulturelle und soziale Geschichte nicht denkbar ohne das Engagement seiner jüdischen Bewohner – der Oppenheimers, Speyers, von Leo Gans, Henry und Emma Budge, Luisa und Alfred Häuser. Allein die Rothschilds unterhielten 19 Stiftungen, legten das Fundament für die Universitätsbibliothek und die Stadtbücherei. Das Städel oder das Senckenberg-Museum verdanken ihre Existenz ebenfalls Stiftungen.

Heute gibt es 285 Stiftungen in der Stadt. Und eine Straße in der Innenstadt, die sie ehrt: die Stiftstraße.

———————— ◯ ————————

FRIEDRICH STOLTZE

Revolutionärer Querkopf

»Es will merr net in mei Kopp enei, wie kann nor e Mensch net
von Frankfort sei!«, ist wohl das Berühmteste, was Friedrich Stoltze
(1813–1892) je geschrieben hat. Es wird auch heute immer noch
gerne von Eingeplackten angewandt, wenn mal wieder von andernorts Hohn und Spott über Frankfurt ausgeschüttet wird: hässliche
Stadt, kalt, Gernegroß, hält sich für toller, als sie ist, kennt nur den
Flughafen, und das reicht auch. Der alte Herr wusste eben, wie man
Weisheiten in Frankforderisch verpackt, damit sie nicht ganz so
harsch wirken.

Der alte Herr wusste aber noch viel mehr. Papa und Mama bewirt-
schafteten bei seiner Geburt am 1. April 1816 den »Rebstock« in
der Altstadt (der auch die neue Altstadt zieren wird), eine Gastwirt-
schaft, die sich besonderer Beliebtheit bei einem aufgeklärten Publikum erfreute. 1816 waren Napoleons imperiale neue Grenzlinien
in Europa getilgt, die Restauration hatte mit dem Wiener Kongress
und Graf Metternich ein Gesicht und eine Formel gefunden. Die
sollte nun andauern bis zum Vormärz und weiter bis zur bürgerlichen Revolution 1848.

In diese bewegten Zeiten also wurde Klein-Friedrich hineingeboren und ausgebildet, im aufgeklärten Frankfurt, in dessen Paulskirche ja schließlich 1848 die erste Nationalversammlung deutscher Staaten stattfand. Geschäftsleute kämpften für die Zollunion,
Journalisten für die Pressefreiheit. Auch Friedrich Stoltze wurde
auf vielen bereichernden Umwegen – unter anderem arbeitete er
bei Meyer Amschel Rothschild, studierte bei Friedrich Fröbel in
Jena, lernte in Paris und Lyon für die Kaufmannslehre – Journalist.
Und zwar ein politischer, ein bissiger, ein humoristischer, mit wenig
Liebe zur herrschenden Macht.

Unermüdlich von der Zensur verfolgt, gab er die »Latern«, eine nicht billige, aber beliebte satirische Wochenzeitung, heraus. Für sie erfand er ein Dreigestirn aus Hauptpersonen, das unter Spottnamen in bester satirischer Manier über die preußische Herrschaft herzog, und das so deutlich, dass er, nachdem Frankfurt preußisch geworden war, fliehen musste. Die Stimmung in Frankfurt war nicht gerade preußen-freundlich, sicher auch nicht unter dem aufgeklärten Handelsbürgertum, das Stoltzes Wochenzeitschriften durch Abonnements am Laufen hielt. Ohne dessen Resonanz hätte er wohl kaum durchhalten können.

>>Es is kaa Stadt uff der weite Welt,
die so merr wie mei Frankfort gefällt,
un es will merr net in mein Kopp enei,
wie kann nor e Mensch net von Frankfort sei!<<

Friedrich Stoltze (1816–1891)

Leider erlangte Frankfurts toller Stadtsohn nie ein solches Renommee wie andere, aber seine Büste aus Mainsandstein wird die neue Altstadt zieren. Heute steht sie wenig beachtet zwischen drei Bars und einem Kaufhaus. In die Altstadt wandert dann auch das Stoltzemuseum – für alle ein Gewinn.

Erziehung auf Frankforderisch

Der Struwwelpeter ist ein Frankfurter Bub – bzw. das selbst gedichtete und gemalte Weihnachtsgeschenk des Arztes für Nervenheilkunde Dr. Heinrich Hoffmann (1809–1894) für seinen dreijährigen Sohn Carl Philipp im Jahr 1844. Die erbaulichen und moralischen Geschichtchen hatte er in ein einfaches Kartonbuch geschrieben und dachte nicht daran, sie je zu veröffentlichen. Dazu musste ihn erst ein befreundeter Verleger überreden. Und heute? Der Struwwelpeter ist eines der erfolgreichsten Kinderbücher überhaupt, und ein kunterbuntes Museum ehrt Verfasser und Figur.

Wir wissen nicht, wie das Geschenk damals ankam, aber wenn man sich heute die Geschichten anschaut, dann wünscht man sich für einen Dreijährigen vermutlich sanftere Lektüre als die drastische Geschichte vom Paulinchen, das abbrennt, vom Konrad, dem die Daumen abgeschnitten werden, oder vom Zappelphilipp und dem toten Suppenkaspar.

Es existieren ungezählte Nachdichtungen und Interpretationen, auch tiefen- und entwicklungspsychologische, allein 27 Mundartversionen im Deutschen und zahllose Übersetzungen. Struwwelpeter traf und trifft den Nerv der Zeit. In den 1970er-Jahren formulierte, dichtete und zeichnete F. K. Waechter den »Anti-Struwwelpeter« – klar, es war die Ära der antiautoritären Erziehung.

Hätte das Heinrich Hoffmann gefallen? Ich nehme mal an, ja. Er war zu seiner Zeit als Visionär auf zwei ganz anderen Feldern tätig. Vermutlich wollte er deswegen auch nicht als Verfasser von Kinderbüchern in Erscheinung treten. Zum einen setzte er sich für ein eigenes Krankenhaus »für Irre und Epileptiker« ein, das er schließlich 1851 auch gründen konnte. Es lag damals vor den Toren der Stadt am sogenannten Affenfelsen, ungefähr dort, wo heute der Campus Westend (s. S. 109) steht. Das gesellschaftliche Ansehen psychisch erkrankter Menschen war gering, die Methode, sie zu heilen, bestand darin, sie aus der Gesellschaft wegzusperren oder mit unglaublichen Behandlungsweisen zu quälen. Dass eine psychische Erkrankung eine Krankheit ist, die korrekt und behutsam behandelt werden müsse, war hingegen die Überzeugung Dr. Heinrich Hoffmanns. Außerdem richtete er kostenlose Sprechstunden für Arme und Bedürftige ein und engagierte sich politisch – auch in der Vorbereitung zur ersten Nationalversammlung in der Paulskirche 1848.

TIGERPALAST

Die Wiedergeburt des Cabarets durch Johnny Klinke

Auch das ist wieder so eine Geschichte, wie sie nur in Frankfurt geschehen kann. Das Cabaret-Varieté war mausetot, nur im Hansa-Theater in Hamburg, wo süßer Moselwein zu Zauberkabinettstückchen serviert wurde, überlebte es in leicht angestaubter Umgebung im Sankt-Georg-Viertel.

Tja, und dann kam Johnny Klinke – Student, Opel-Fließbandarbeiter, Urgestein der Frankfurter linken Spontiszene – und verwirklichte sich einen Traum: das Cabaret, das Varieté wiederzubeleben. Er stieg gleich fast größenwahnsinnig ein, vermutlich in dem Bewusstsein: Konnte es nicht auf diese Art und Weise passieren, dann passierte es gar nicht. Fündig wurde er in der Berliner Akrobaten- und Zirkusszene, knüpfte Kontakte, mietete einen Aufführungsort hinter dem Gerichtsgebäude und dem Kaufhaus C&A in einem ehemaligen Gebäude der Heilsarmee, also nicht gerade in 1a-Lage. Er nannte es Tigerpalast, steckte sämtliche Mitarbeiter inklusive sich selbst in Tigerwesten und ließ die Moderation seinen Freund, den sagenhaften und hyperintelligenten Matthias Beltz übernehmen, der das Projekt mit seiner liebevoll-spöttischen Ironie überzog. Dazu gab es eine Bar, offen bis 4 Uhr früh. Man konnte hingehen, auch ohne die Revue zu besuchen, und das war eine gute Idee – es gab nicht so viele schöne Plätze in Frankfurt, die bis in die frühen Morgenstunden offen hatten.

Das war 1988. Innerhalb eines halben Jahres rannte man ihm die Bude ein. Wer in Frankfurt etwas zu verschenken hatte, verschenkte Gutscheine für den Tigerpalast, der oft auf Monate ausgebucht war. Trapezkünstler schwebten über dem Zuschauerraum, Jongleure und Akrobaten entfesselten ihre Künste, plötzlich war alles wieder Poesie und Zauber. Der Ruf sprach sich herum. Im Tigerpalast gastieren die Exquisiten, die Besten ihres Fachs.

Auch das Restaurant wurde immer besser. Seit Jahren wird in der ersten Liga, sprich: mit zwei Michelin-Sternen, gekocht, und Johnny Klinke mit seinem eigenwilligen Lebenslauf gehört zur Frankfurter Stadtgesellschaft wie kaum ein Zweiter.

Und man tut ihm nicht Unrecht, wenn man behauptet, dass die Wiederbelebung des Cabarets auf seine Kosten geht.

DER MALER TISCHBEIN …

… und sein Goethebild

Frankfurts beliebtester, berühmtester Stadtsohn, hingelagert in einer idyllischen Landschaft in seinem geliebten Italien – das ist wohl das bekannteste Gemälde, das von Johann Heinrich Wilhelm Tischbein (1751–1829) erhalten ist. Gemalt hat er seinen damaligen, zweifellos noch berühmteren Reisebegleiter Johann Wolfgang von Goethe auf dessen literarisch verbürgter Italienreise zwischen 1786 und 1788. Er war zwar kein Unbekannter, der Sohn eines Klosterschreiners, der sich hauptsächlich der Porträtmalerei widmete. Das Gemälde »Goethe in der Campagna« hat ihn allerdings so unsterblich werden lassen wie sein Modell und seinen Bekanntheitsgrad schlagartig erhöht.

Goethe selbst war sehr angetan von diesem Unterfangen: Am 29. Dezember 1786 schrieb er: »Ich soll in Lebensgröße als Reisender, in einen weißen Mantel gehüllt, in freier Luft auf einem umgestürzten Obelisken sitzend, vorgestellt werden, die tief im Hintergrunde liegenden Ruinen der Campagna di Roma überschauend. Es gibt ein schönes Bild, nur zu groß für unsere nordischen Wohnungen.« Und am 17. Februar 1787: »Das große Porträt, welches Tischbein von mir unternommen, wächst schon aus der Leinwand heraus. Der Künstler hat sich durch einen fertigen Bildhauer ein kleines Modell von Ton machen lassen, welches gar zierlich mit einem Mantel drapiert worden. Darnach malt er fleißig.«

Dieses stimmungsvolle Konterfei hängt in Frankfurts berühmtestem Museum, dem Städel. Unvorstellbar natürlich, dass es woanders hinge. Es gehört zu Frankfurt, ist ein Identifikationsmerkmal, eine Ikone, das Bild gewordene Ideal.

Was sieht man auf dem Gemälde? Die Klassik! Römische Ruinen! Relief-Fragmente! Und eine idealisierte Landschaft. Vielleicht Ar-

^ Goethe in der Campagna – Tischbeins berühmtes Gemälde kann man im Städel Museum bewundern.

kadien, damals der Sehnsuchtsort der Künstler? Eine Schäferidylle, eine Projektionsfläche, dort war man frei von allen Zwängen. Arkadien übrigens, um auf dem Boden der Tatsachen zu bleiben, gibt es tatsächlich. Es liegt in Griechenland.

Goethes Blick auf diesem Gemälde schweift elegisch in die Ferne. Worüber denkt er gerade nach? Über »Iphigenie auf Tauris«? Über »Torquato Tasso«? Über »Prometheus«? Oder über seine beiden linken Füße? Denn da leider hat sein Malerfreund Tischbein nicht so ganz aufgepasst – und so ist ihm einer der berühmtesten Fauxpas in der Geschichte der Malerei unterlaufen.

TORTÜRME

Die Wacht in der Stadt

Da stehen sie, die in die Geschichte zurückgesunkenen Zeichen einer Stadt, die so futuristisch daherkommt, und sie gehen im Stadtbild fast unter, erheben sich aus Verkehrskreiseln, stehen unter S-Bahn-Brücken und sind, da weder mit Zuckerguss rekonstruiert noch nachgebaut, im Großen und Ganzen ziemlich unspektakuläre Zeugen einer Zeit, als Frankfurt noch von einer Stadtmauer umgeben wurde.

Sie fungierten als Schutz, Durchlass, Wegestation, Grenzmarkierung, heißen Gallus-, Eschenheimer, Sachsenhäuser, Friedberger und Bockenheimer Warte – und in der Letztgenannten trug sich Außergewöhnliches zu:

Die Bockenheimer Warte, errichtet im gotischen Stil zwischen 1434 und 1435, markierte die Grenze zwischen der freien Reichsstadt und Bockenheim, das einmal zum Kurfürstentum Hessen gehörte. Genau in diesen Grenzbereich, so fiel die Entscheidung, sollte einer der berühmtesten Philosophen seiner Zeit festgesetzt werden: Voltaire. Im Frühsommer des Jahres 1753 wurde der Schriftsteller, der sich zuvor blendend mit König Friedrich II. von Preußen verstanden hatte, nun aber in Ungnade gefallen war, auf Befehl des Königreichs an die Bockenheimer Warte gestellt, die die Landstraße nach Mainz bewachte. Und das, obwohl Frankfurt Preußen gar nicht unterstand, sondern eine freie Reichsstadt (s. S. 71) war. Insgesamt blieb Voltaire fünf Wochen in Arrest, was damals einen ziemlichen Skandal auslöste.

Heute bewacht die Warte gar nichts mehr. Dahinter liegt der Unicampus Bockenheim, zu ihren Füßen befinden sich Bücherstände und Straßencafés und am Donnerstag ein Bauernmarkt … mitten im Leben also.

Die am sichtbarsten für alle gelegene Warte ist das im Spätmittelalter gebaute Eschenheimer Tor an der Grenze zwischen Innenstadt und Nordend, schön restauriert und mit einem Restaurant im
Erdgeschoss sowie auf dem Platz davor. Durch das Tor schlüpften
früher die Kutschen hinaus ins Oed (heute Oeder Weg) zu den
Sommergärten und Gutshöfen außerhalb der Stadt. Die zu einem
Gartenring verwandelten Stadtmauern (s. S. 101) lassen sich leicht
identifizieren. Am Turm hat sich sein Baumeister mit einer kleinen
Gesichtsplastik selbst verewigt. Es ist Marden Gerthener, der auch
für den Frankfurter Dom verantwortlich zeichnete.

Nicht ganz so viel Ehre wird der mittelalterlichen Galluswarte
zuteil, die unterhalb der gleichnamigen S-Bahn-Station steht. Ein
bisschen schäbig sieht sie aus, ein bisschen vergessen, und nun hat
auch noch der Kiosk geschlossen, der an ihrer Seite für ein bisschen
Publikum sorgte.

Die Friedberger Warte hingegen kann man gar nicht übersehen,
denn sie thront über einem Verkehrskreisel an der Friedberger
Landstraße stadtauswärts nach Bad Vilbel. Stets flattert dort ein
Spruchband, dass sich in ihrem Inneren ein Lokal befindet, zu
dem man nur den Weg finden muss! Und es sieht gemütlich aus.
Neben dem Spätmittelalterturm gibt es noch ein Fachwerkgebäude
um einen gepflasterten Innenhof. Der ideale Ort für eine Apfel-
wein-Gartenwirtschaft, und das – immerhin – seit 1815!

Eine ähnliche Bestimmung sollte auch der Sachsenhäuser Warte zuteil werden, ebenfalls im frühen 15. Jahrhundert gebaut und
restauriert und der südlichste der Frankfurter Wachttürme. Doch das
Restaurant ist geschlossen und der Turm ein bisschen verwaist, so,
wie er da liegt beim Südfriedhof.

VEREINE

Integrieren!

Was soll man über Integration in einer Stadt sagen, in der 177 Nationen leben? Vielleicht nur: Wer integriert hier wen?

Frankfurt hat im Zuge der ersten rot-grünen Stadtregierung überhaupt in Deutschland zwischen 1989 und 1995 das erste Amt für Multikulturelle Angelegenheiten geschaffen, zu dessen Leiter Daniel Cohn-Bendit bestimmt wurde. Der Begriff Multikulti wurde in Frankfurt selten mit diesem abschätzigen Hautgout verwendet wie andernorts, dafür sorgten die zahllosen Arbeitsemigranten, die sich als Gastarbeiter in den 1960er-Jahren beispielsweise am Industriestandort Hoechst verdingt hatten, all die Italiener, Portugiesen, Jugoslawen oder Griechen. Sicherlich nicht gewürdigt und geschätzt, wie es ihnen zugestanden hätte, bauten sich doch viele von ihnen ein Leben in Frankfurt auf. Heute ist das einfach offensichtlich. Nicht nur im Bahnhofsviertel (s. S. 25) in jedem einzelnen Stadtteil bilden all die Kioske, Restaurants, Obst- und Gemüseläden, die Friseure, Waschsalons und Kosmetikläden, die in Eigenregie und meist im Familienbetrieb geführt werden, die wahren Wärmezentren der Stadt.

Deswegen haben wir in Frankfurt auch nicht unbedingt den Verlust von Tante-Emma-Läden zu beklagen. Sicherlich wird diese Art des Einkaufens in bestimmten Stadtvierteln, die bereits der Gentrifizierung anheim gefallen sind, wiederbelebt als eine neue Form des gehobenen Shopping-Erlebnisses. Aber darum geht es nicht, sondern um jemanden, der seinen Kiosk von morgens früh bis abends wirklich spät geöffnet hält, teilweise sogar am Sonntag; und der Zeit findet für ein Gespräch, was ihn besonders für die ältere Kundschaft begehrt macht, vor allem, wenn er auch noch einen preiswerten Kaffee »to go« anbieten kann.

Und die wirkliche Integration? Die findet in den Kulturvereinen statt. Von Togo bis nach Marokko, von Litauen bis nach Moldawien, von Bangladesch über Indien, Ägypten, die Karibik oder Spanien bis nach Fidschi und den Basa'a aus Kamerun … in Frankfurt residieren mehrere Hundert Vereine, die die Kultur ihres Heimatlandes repräsentieren und in die Stadt tragen.

WASSERHÄUSCHEN

Man hat alles, was man braucht

Seit einigen Jahren veranstaltet die Frankfurter Rundschau einen Wettbewerb um das beliebteste Wasserhäuschen Frankfurts. Und das aus gutem Grund: Immer mehr Wasserhäuschen verschwinden aus dem Stadtbild, und das ist nicht hinnehmbar.

Für alle Nicht-Eingeplackten: Ein Wasserhäuschen ist das, was ein richtiger Frankfurter in jeder anderen Stadt, in jedem Dorf vermisst. Es ist der Ort, wo es Mineralwasser, aber auch (viel wichtiger) Bier und Wein, Salzstangen und Dosenerbsen, bunte gemischte Tüten mit Süßigkeiten für Schulkinder und andere Naschereien, Telefonkarten, Zigaretten, Saft und Milch gibt, Zeitungen und Zeitschriften und noch weiteren Krimskrams, der für das gemütliche Überleben in der Großstadt wichtig ist.

Das Wasserhäuschen wurde vor über 100 Jahren mit dem Ziel erfunden, für die Gesundheit der Bürger zu sorgen. Das Leitungswasser war damals nicht trinkbar. Wer das dennoch tat, wurde krank. In der Umgebung von Frankfurt sprudeln zahlreiche Heilquellen, also sollte Mineralwasser in Flaschen in diesen Wasserhäuschen verkauft werden. Und das wurde es. Der Volksmund hatte schnell auch einen Spottnamen gefunden: Bis heute heißt Mineralwasser mit Sprudel Bizzelwasser.

Bald entwickelten sich diese Wasserhäuschen, die über das gesamte Stadtgelände verteilt waren, zu einem Symbol mit hohem Wiedererkennungswert. Das lag sicherlich daran, dass die Firma Jöst sich von 1899 an zum eifrigsten Betreiber dieser Kioske entwickelte, ihnen auch die typische Architektur verlieh und damit ein Gesicht. Ein typisches Jöst-Büdchen ist aus Holz gebaut und halbrund, mit einer gewölbten Vorderfront und einer kleinen Theke, und sieht ziemlich anheimelnd aus. 800 davon gab es einmal. Jöst belieferte von seinem Standort im Gutleuthof im Gallus die meisten der »Trinkhallen« im gesamten Stadtgebiet. 1971 verkaufte Adam Jöst sein Geschäft an die Henninger Brauerei.

In den 1980er- und 1990er-Jahren begann der Niedergang der Büdchen. Obwohl kluge Inhaber darauf achteten, dass sie nicht zum Spielplatz für Suffeulen abdrifteten, auch wenn das eine oder andere Feierabendbier zum niedrigen Tarif selbstverständlich möglich sein muss, machte ihnen doch ihr schlechter Ruf den Garaus.

Mittlerweile ist die Stimmung aber wieder gut, denn der Zeitgeist hat sich gewandelt und auch die Büdchen ergriffen. Am eindrucksvollsten ist die Umwandlung zweier Büdchen im Nordend gelungen, des »Guudes« und des »Fein«. Beide waschechte Jöst-Büdchen, haben die Betreiber/-innen darauf geachtet, die Kundschaft ein bisschen übers Angebot zu steuern. Im »Fein« werden frisch gebackener Kuchen und Cappuccino serviert, ab und an wandert auch mal eine Quiche über die Theke, und das »Guudes« liegt einfach traumhaft gut im Nordend am Matthias Beltz-Platz und hat sich rasch zum Liebling derjenigen entwickelt, die sich die teuren Kneipen in ihrem Kiez nicht mehr leisten können. Ähnliches gilt übrigens für das »Dalli Dalli Pilsstübchen« in Bockenheim.

———————— ◯ ————————

WÄLDCHESTAG

Das Pfingstvergnügen

Eines ist gewiss: Am Pfingstdienstag gewittert es, mag es am Pfingst-wochenende noch so schön und strahlend und warm gewesen sein. Am Pfingstdienstag? Ja, den gibt es! Die Frankfurter haben einen Feiertag mehr, nachdem der Heilige Geist auf sie niedergekommen ist, der aber eigentlich gar kein richtiger ist. Trotzdem kann jeder mit Ver-ständnis rechnen, wenn er an einem Pfingstdienstag ins Wäldche will und nur vormittags zur Arbeit erscheint. Den Wäldchestag gibt es seit Goethes Zeiten. Und das Gewitter blieb noch nie aus.

Zur Begriffsklärung: Das »Wäldche« ist der Stadtwald in Sachsen-hausen. Warum ausgerechnet der Pfingstdienstag zum inoffiziellen Feiertag erhoben wurde, ist jedoch nicht so ganz klar. Es könnte damit zu tun haben, dass nach Pfingsten zum ersten Mal nach dem Winter die Kühe und Ochsen wieder auf die Weide getrieben wur-den und man danach ein Picknick feierte. Seit 1792 zumindest ist der Wäldchestag dokumentarisch verbürgt, und belegt ist auch, dass die Frankfurter Gesellschaft am Pfingstdienstag die Arbeit Arbeit sein ließ – diejenigen zumindest, die es sich leisten konnten – und mit Kutsche, Bediensteten und Picknickkorb loszog. Bis in die 1990er-Jahre schlossen manche Kaffeehäuser und Läden am Wäld-chestag ihre Pforten, weil sie sich kein Geschäft ausrechneten.

Das hat sich allerdings grundlegend geändert. Die Geschäfte und Shopping Malls haben natürlich offen, denn für viele, auch für die Frankfurter, bedeutet sinnvolle Freizeitgestaltung, sich dem Konsum hinzugeben, und im Wäldche dominieren nicht die Picknickkörbe, sondern die Fahrgeschäfte und Imbissbuden. Aber trotzdem: Am Pfingstdienstag hat Frankfurt eine Verabredung.

EIN WEINBERG AUF DEM LOHRBERG!

Und ein Mainäpplerhaus

Frankfurt ist vom Apfelwein umzingelt, aber es hat auch ein städtisches Weingut, und der Wein ist gar nicht mal schlecht! Produziert werden Riesling, Weiß- und Spätburgunder, Chardonnay und Cabernet Sauvignon. So ansprechend ist das Ergebnis jedenfalls, dass der Wein bei offiziellen Stadtempfängen den Gästen ausgeschenkt wird. Für die Fußballweltmeisterschaft 2006 wurden zwei besondere Weine produziert, der eine in Rot, der andere in Weiß, und als offizielle WM-Weine geführt. Das städtische Weingut befindet sich seit dem frühen 19. Jahrhundert in Hochheim am Main in besonnter Hanglage und produziert reichlich, vom Wein bis zum Sekt. Die Erzeugnisse können in einem kleinen Gutsausschank im Römer probiert und erworben werden.

Frankfurt hat außerdem einen Weinberg mitten in der Stadt – auf dem Lohrberg nämlich. Dies ist ein weiteres Alleinstellungsmerkmal der Stadt, denn das gibt es nirgendwo sonst. Der Lohrberger Hang bringt ausgezeichneten Riesling hervor, kein Wunder, gilt er als östlichste Weinlage des Rheingaues. Etwa 10.000 Flaschen echten Lohrbergers erbringt die jährliche Weinlese. Der Lohrberg, der sich aus einem Kranz von Schrebergärten erhebt, ist auch eines der beliebtesten Naherholungsgebiete mitten in der Stadt.

Und genau dort, wo der Weinberg endet, beginnt die Regentschaft des Mainäpplerhauses – mit Naturerlebnisgarten, Hofladen, Apfelwein, Apfelringen, Apfelsenf, Apfelsaft und Lehrgängen sowie Wanderungen zum Thema Äppel und Streuobstwiesen. Äppel und Wein – beide können in Frankfurt sehr gut nebeneinander existieren.

WESELER WERFT/ANTAGON THEATER

Das Happening im Sommer

Jeden Sommer für zwei Wochen verwandelt sich das Gelände der Weseler Werft im Schatten der EZB in eine Utopie … eine Utopie von Love, Peace and Happiness, von unvoreingenommenem Zusammensein, von Kunst und Kultur, von freundlichem Umgang miteinander. Veranstaltet wird dieses internationale Happening am Main vom Antagon Theater, und die Frankfurter dürfen dieser Initiative und der Beharrlichkeit ihres Leiters Bernhard Bub und des gesamten internationalen Künstlerkollektivs wirklich dankbar sein. In diesen zwei Wochen wird Tag für Tag ein vielfältiges Programm aufgeblättert und dabei niemand vergessen, auch die Kleinen nicht. Stelzenlauf, Capoeira-Tänzer, Autoren, Singer-Songwriter, Akrobaten oder Gaukler präsentieren ihre Künste, dazu kommen Figuren- und Körpertheater, brasilianische Tanzworkshops und ein Flohmarkt. Alles ist gratis, jeder kann die Aufführungen mit einem Geldbeitrag belohnen, und wenn er es nicht kann, ist's auch gut. Doch eigentlich wollen alle Besucher für dieses einzigartige Erlebnis bezahlen, und wenn sie nur ein paar Euro in die herumgereichten Hüte werfen. Man kann aber auch einfach nur hinkommen, am Mainufer sein Picknick und seine Kerzen auspacken und mitfeiern.

Was das Ganze überdies so besonders macht, ist, dass die gesamte Infrastruktur mit freiwilligen Helfern aus aller Herren Länder am Laufen gehalten wird. Sie arbeiten an den Getränke- und Essensständen, beim Auf- und Abbau oder beim Säubern des Geländes. Es liegt ein besonderer Zauber über der Stadt, wenn die Sommerwerft stattfindet, und es steht ihr gut an, dieses Projekt des Miteinanders, des Kulturaustausches ordentlich zu unterstützen.

WINTERLICHTER

Wo Lichter erzählen

Winterzeit, Feenzeit! So fühlt es sich an, wenn man in den dunklen Wintermonaten abends nach 17 Uhr im Karree zwischen Bockenheimer Warte und Westend unterwegs ist. Es schimmert und leuchtet. Und von ferne kann man ahnen, in welchen Zauber der dunkel daliegende Palmengarten getaucht worden ist.

Es sind die »Winterlichter« die seit einigen Jahren vom ersten Advent an Frankfurts schönsten Park erstrahlen lassen. In diesen Monaten werden in sorgfältig aufeinander abgestimmten Lichtchoreografien ausgewählte Stellen des Parks illuminiert, und dazu wandert man an Lichtobjekten und Installationen, an Klang- und Videoschauspielen entlang. Auch wenn man von den vorweihnachtlichen Glitzerparaden in den Kaufhauszonen erschlagen sein mag, auf diesen ausgesuchten Wegen durch den Park wird es nie zu viel, hier regieren Fantasie und Imagination. Richtige Winterlichter-Fans schreckt auch Matsch- und Schmuddelwetter nicht ab, dann geht man eben mit dem Regenschirm los – und einen kleinen Plan durch das Licht-Labyrinth des Palmengartens bekommt sowieso jeder in die Hand.

Dazu öffnet ein eigenes Winterlichter-Café seine Tore und winterliche Ausstellungen füllen die Palmenhallen … schöner lässt sich ein Adventswochenende eigentlich kaum verbringen.

❯ Ab dem 1. Advent verzaubern die Winterlichter den Frankfurter Palmengarten.

WOHNEN AM FLUSS

Aber bitte nicht drauf!

Es war DAS Schlagwort der 1990er-Jahre: Der damalige Baudezernent Martin Wentz hatte es geprägt. Denn damals wie heute musste Wohnraum geschaffen werden, und er eroberte dafür das Mainufer. Es war ein gewagter, aber guter Gedanke. Das erste seiner Projekte war das Deutschherrnufer auf dem Gelände des gerade abgerissenen Schlachthofes in Sachsenhausen, und wie alle war dieses Projekt umstritten und viel diskutiert. Wohnungen für 4000 Menschen sollten dort entstehen, und zwar in gut sozialverträglicher Mischung, was auch tatsächlich geglückt ist – und die Frage aufwirft, warum das heute nicht mehr möglich zu sein scheint. Damals wurden diese luftig wirkenden Blockhäuser hochgezogen, trotz ihrer scheinbaren Verwechselbarkeit jedes ein Unikat, mit Loggien, bodenhohen Fensterfronten und grünen Wegen und Plätzen. An ihren Rändern entstand der von der florentinischen Renaissance-Architektur inspirierte Walther-von-Cronberg-Platz mit dem wunderbaren Main Tower darauf. Da ist es immer noch ein wenig leer, aber trotzdem schön, besonders in der warmen Jahreszeit. Man muss ja nicht alles vollstellen.

Das »Wohnen am Fluss« in der zweiten und dritten Phase geriet dann nicht mehr ganz so überzeugend. Denn zunächst war das Areal des Westhafens dran, und hier stand von Anfang an fest, dass es sich um höherpreisigen Wohnraum und Büros handeln würde. Als problematisch wurde außerdem eingeschätzt, dass sich diese Neugestaltung des Mainufers gravierend von der Sozialstruktur des anschließenden Gutleutviertels abheben würde. Als »mondänes Klein-Venedig« beschreibt sogar das Tourismusamt die Westhafen-Wohngegend übertrieben vollmundig, denn so etwas ist dort nie entstanden. Aber der Unterschied zum »armen, multikulturellen« Gutleut ist schon gravierend. Das eine hat mit dem anderen rein gar nichts mehr zu tun, berührt sich nicht, geht sich vielleicht sogar aus dem Weg.

Auch nicht ganz geglückt scheint das Wohnen am Fluss im Ostend in der Nähe zur EZB daherzukommen. Denn an diesem Ort wird (nicht unbegründet) vermutet, dass die Infrastruktur des Arbeiter-Ostends, des Osthafen-Ostends, des Kleinindustrie-Ostends, die über 100 Jahre inklusive Büdchen und Wurstimbisse im Dienste der Bewohner dort stand, sich jetzt allmählich verändert. Dass hier also erneut Parallelgesellschaften entstehen, so wie die »Strandperle« dem »Oosten« unterhalb der EZB weichen musste, das schick genug war und ist, dass Giannis Varoufakis hier seine Finanzpressekonferenzen halten konnte.

Wohnen am Fluss war eigentlich eine geniale Idee, aber zu wünschen wäre schon, dass daraus nicht »Wohnen auf dem Fluss« wird – in London leben viele auf Hausbooten, weil sie sich eine Wohnung in der Stadt nicht mehr leisten können!

WÜRSTCHEN

Alles über einen Mythos!

Das Frankfurter Würstchen ist ein Krönungswürstchen. Das hebt es eindeutig heraus von allen anderen Würstchen, besonders aber von seinem schärfsten Konkurrenten, dem Wiener Würstchen.

Die offenbare Geschichtslosigkeit dieser Würstchen – schmal, rund, leicht gebogen, im siedenden Wasser kurz zu erhitzen, aber auch das Kalt-Essen ist möglich – hat sie in einen Topf geworfen. Da sind Abhilfe und Information nötig: Beide Würstchen sind Brühwürstchen und in einem Seitling gegart. Das Frankfurter Würstchen aber besteht aus reinem Schweinefleisch und Gewürzen, das Wiener aus einer Mischung aus Schweine- und Rindfleisch. Das Wiener Würstchen kann allenfalls als eine Variante bezeichnet werden, erfunden von einem in Frankfurt lernenden Metzger, der sich später in Wien niederließ und das in Frankfurt Gelernte ab 1805 in seine Wiener einfließen ließ.

Das Frankfurter Würstchen ist also viel älter – verbürgt ist es seit dem 13. Jahrhundert. Zahlreiche Königs- und Kaiserkrönungen fanden in Frankfurt statt, und zum Krönungsfest wurden dem Volk auf dem Römerberg Ochsen am Spieß gebraten und der Wein floss aus dem Justiziabrunnen. Später dann gab es nur noch, weil es sonst zu teuer geworden wäre und sich die Gäste um jeden Bissen des teuren, guten Fleisches kloppten, Apfelwein und Würstchen … die Frankfurter eben.

Sie sind übrigens als Herkunftsbezeichnung geschützt. Nur wer in Frankfurt, Neu-Isenburg und Dreieich Würstchen nach dem überlieferten Rezept herstellt und leicht räuchert, darf sie auch Frankfurter nennen. In Wien sollte man, um Wiener zu bekommen, Frankfurter bestellen … Das Bockwürstchen spielt in dieser Diskussion keine Rolle.

ZEIL

Einkaufen auf der Höhe der Zeit

Seit gefühlten Jahrhunderten ist die Zeil in der Innenstadt die umsatz-stärkste Einkaufsmeile Deutschlands, und keiner, wirklich keiner, der samstags auf ihr unterwegs ist, würde das bezweifeln. Und seit es Shopping und nicht mehr Einkaufen heißt, seit es ein Event ist, sich eine Hose zu kaufen, seit Jugendliche nicht mehr pot-rauchend auf irgendwelchen Bänken herumlungern oder zumindest lange zu schlafen für ein anti-bürgerliches Statement halten, sondern wie alle anderen auch die schöne neue Warenwelt als ultimativen Treffpunkt erkoren haben, ist die Zeil noch voller. Das liegt natürlich daran, wie die schöne neue Warenwelt hier aussieht: Zara, Primark, C&A, Peek und Cloppenburg, Esprit, Pimkie, Calzedonia, Yves Rocher, Appelrath und Küper, Douglas, Adidas Store, Galeria Kaufhof und die Ladengalerie My Zeil mit Hollister (läuft aber nicht mehr gut), Bershka, Vero Moda, Comma, Gabor, Bijoux Brigitte, dm, e-plus, Dänisches Bettenlager, Saturn Hansa und obendrauf zwei Kinos … das sind natürlich alles Publikumshits. Die Goethestraße dagegen mit ihren feinen Marken Versace, Gucci, Tiffany etc. ist nicht überlaufen.

Die Zeil ist nur 500 Meter lang, eine Fußgängerzone und hässlich. Alle paar Jahre sorgt sich die Stadtregierung um Verschönerung, aber sie ist einfach nicht schön und sie wird es auch nicht werden, egal, welche Imbisspavillons man draufstellt oder welche Pflasterung den Boden bedeckt. Es achtet ja auch niemand drauf, höchstens die Bettler, die sich für den Tag ein lohnendes Plätzchen und für die Nacht eine angenehme Stelle zwischen den Portalen der Kaufhäuser suchen. Man ist hier nicht, man hält sich hier nicht auf, man läuft und schiebt und drückt sich in die nächste Tür. So viel Gewusel die Zeil tagsüber bestimmt, nachts ist es hier wie ausgestorben. Kein Restaurant möchte wohl hier herziehen. Nur das Gibson, ein gut angesagter Club, sorgt für ein bisschen Belebung.

Die Zeil ist eine überwiegend (aber nicht nur) billige Konsummeile, und dafür ist sie wirklich nicht schlecht. Trotzdem, das, was einen Flanier-Boulevard einmal ausgezeichnet hat, lässt sich nicht mehr nacherleben, denn Einkaufen war Luxus, kein Alltagsgeschäft, ein ganz besonderes Vergnügen, kein von Schnäppchenmentalität auf Touren gebrachter Kaufrausch. Denn ein Flanier-Boulevard war die Zeil dereinst ja auch. Mit besonderen Adressen wie dem »Grand Bazar«, mit eleganten Kaufhäusern, mit reinen Jugendstilfassaden, einem Gebäude ganz im Art-déco-Stil und einigen barock-wilhelminischen Modehäusern begrüßte die Zeil das 20. Jahrhundert. Sie nahmen den Platz von einstigen klassizistischen Großbürger-Palais ein, die die Straße im 18. und 19. Jahrhundert gerahmt hatten. Das Palais der Thurn und

Taxis im Hinterhof der Galerie My Zeil vermittelt einen Hauch von Ahnung, wie es früher hier einmal ausgesehen hat.

Unter den Kaufhauseigentümern befanden sich zahlreiche jüdische Familien, die unter der Nazi-Diktatur enteignet wurden und flüchteten. Es übernahmen Peek und Cloppenburg und Hertie. Hertie wurde später von Karstadt übernommen, dem vom Stellenabbau übel mitgespielt wurde; aber wenn man am Service spart, bleiben die Kunden erst recht weg. Und Galeria Kaufhof versucht sich mit Markenboutiquen über Wasser zu halten, was ihr ganz gut gelingt.

So bildet die Zeil heute auch ein Soziogramm des Einkaufsverhaltens ab. »Alles unter einem Dach« ist schon so veraltet, dass es als neue Idee durchgeht. Das gemeinsame Erleben übertrumpft den tatsächlichen Einkauf, Kleidung muss nicht schön präsentiert sein, sie kann ruhig in Massen daherkommen, denn es stärkt das Zusammengehörigkeitsgefühl, wenn jeder das Gleiche trägt. Die Zeil ist also voll auf der Höhe der Zeit.

ZEITUNGEN/VERLAGE

Impulsgeber

Glückwunsch! Mit einer nicht gesunkenen Auflagenzahl darf sich die Sonntagszeitung der Frankfurter Allgemeinen Zeitung, die FAS, im Jahr 2017 zu den Gewinnern im hart umkämpften Blättermarkt zählen. Alle anderen mussten Verluste hinnehmen. Tages- und Wochenzeitungen und politische Journale haben es schwer, verlustlos im Geschäft zu bleiben, während die billig produzierte Regenbogenpresse besser dasteht. Das sind die Zeichen unserer digitalen und geizigen Zeit. Warum für Information bezahlen, wenn man sie umsonst im Netz haben kann? Egal, wie falsch sie ist. Egal, dass nicht recherchiert wurde. Ja, wie denn auch? Wovon denn auch?

Frankfurt als Verlags- und Zeitungsmetropole spürt diese Zeichen ebenfalls. Wo einmal die gesellschaftspolitisch wirkungsmächtigsten Verlage gegründet wurden, wo sich die konservative FAZ mit der sozialdemokratischen und linken Frankfurter Rundschau ein Gefecht um die politische Deutungshoheit geliefert hatte, so ungefähr wie die Beatles gegen die Stones, wo auch noch die Frankfurter Neue Presse ihre treue Leserschaft hielt und, als wäre dies nicht genug, es auch noch eine Abendpost/Nachtausgabe gab, die in den Mittagsstunden erschien, da herrscht heute ein bisschen Überlebensstrategie.

Nicht, dass es die Buch-Verlage nicht mehr gäbe! Das Blatt hat sich ein wenig gewendet, die prophezeite Katastrophe für das gedruckte Wort ist nicht eingetreten. Von Frankfurt gehen weiterhin wichtige Impulse aus, man muss sich nur die Liste der Verlage ansehen: Verlag der Autoren, Syndikat, Büchergilde Gutenberg, Eichborn, Insel, Jüdischer Verlag, Stroemfeld, Neue Kritik, Schöffling … und nicht zuletzt die Frankfurter Verlagsanstalt, gegründet und bis heute geleitet von Joachim Unseld, dem Sohn des Suhrkamp-Verlegers Siegfried Unseld. Dessen Witwe Ulla Berkewicz zog mit Suhrkamp nach Berlin, und die Zeiten, als die regenbogenbunten Bändchen der edition suhrkamp ganze Regalwände der politisch und philosophisch Linken füllten, sind leider vorbei. Aber nicht vergessen …

In Frankfurt geblieben ist ein anderer Veteran: Der S. Fischer Verlag residiert noch immer hier. Und in seiner wechselvollen Geschichte war er eng mit dem Namen Suhrkamp verknüpft. Das Stammhaus wurde 1886 in Berlin gegründet. Zu Beginn des 20. Jahrhunderts gelangen ihm gleich zwei Paukenschläge mit den Veröffentlichungen der »Buddenbrooks« von Thomas Mann 1901, gefolgt von »Peter Camenzind« von Hermann Hesse im Jahr 1903. 1929 kam »Berlin Alexanderplatz« von Alfred Döblin heraus. Die Liste der Autoren des Fischer Verlages bezeichnete die Crème de la Crème der Literatur in den ersten Jahrzehnten des 20. Jahrhunderts. Wer sonst konnte Franz Kafka, Franz Werfel, Stefan Zweig, Carl Zuckmayer,

Arthur Schnitzler, Hugo von Hofmannsthal, Walther Rathenau, aber auch Eugene O'Neill, Virginia Woolf, John Dos Passos, Walt Whitman und Joseph Conrad unter seinem Dach versammeln?

Mehrere Trennungen, unter anderem von Peter Suhrkamp, der anschließend seinen eigenen Verlag gründete, zu dem u. a. Hermann Hesse und Bert Brecht wechselten, begleiteten die Geschichte des Verlages, der durch die Nazi-Diktatur vernichtet, aber 1950 in Frankfurt neu gegründet wurde. Hier setzte und setzt er seine Erfolgsgeschichte fort, mit neuen Ausgaben, Erweiterungen des international orientierten Verlagsprogramms, dem Fischer Theater- und Medienverlag, mit Kinderliteratur, Geistes- und Naturwissenschaften, Kulturgeschichte, Psychologie, Biografien, aber auch Ratgebern.

Und nicht zu vergessen, sondern sehr zu loben ist das Engagement der beiden Verlage Schöffling und weissbooks für Literatur von Frankfurter Autoren, die ein wenig in Vergessenheit geraten sind (s. S. 69).

ZICKZACKHAUSEN

Gipsdielenhausen

Zickzackhausen gibt es tatsächlich. Jeder, der Frankfurts Stadtmodell im Historischen Museum gesehen hat, weiß, wo es liegt. Wer drübergeflogen ist, weiß es auch. Zickzackhausen liegt in Niederrad, südlich des Mains, und ist der einzige expressionistische Siedlungsbauentwurf, den wir haben. Spötter haben es auch Gipsdielenhausen genannt, aber da ist nichts dran. Aus Gipsdielen besteht Zickzackhausen nicht, sondern aus Ziegelsteinen. Aber zickzack, ja, das stimmt, die Häuser folgen einer gezackten Fassadenstruktur.

Der Stadterneuerer der Weimarer Republik, Ernst May (s. S. 80), verwirklichte hier 1926 sein erstes Wohnungsbauprojekt. Keine Garten- oder Satellitenstadt mit Reihenhaussiedlungen wie in späteren Entwürfen, sondern Geschossbauwohnungen mit wenigen Einzelhäusern und vielen formalistischen Vorgaben sind hier als Wohnraum entstanden, der, obwohl er zunächst wirklich lustig aussieht mit seiner Haifischzahnstruktur, alle Ansprüche an ein gemeinschaftliches Wohnen einlöst.

Die Wohnblöcke umschließen mit ihrer trapezförmigen Anordnung jeweils einen Rasen- und Gartenplatz zur gemeinschaftlichen Nutzung mit Spielflächen, Bänken und (früher) Stangen zum Aufhängen frischer Wäsche. Die Bewohner des obersten der drei Stockwerke verfügten dagegen über eine eigene Sonnenterrasse. Früher gab es sogar eine eigene Radiostation, gemeinsame Waschküchen und Kindergärten sowie ein Miniatur-Kraftwerk zur Erzeugung von Strom. Die heutigen Bewohner schätzen diese Gemeinschaftsflächen, überall sieht man Grillplätze.

Insgesamt wurden etwa 650 Wohneinheiten, vor allem Zwei- und Drei-Zimmer-Wohnungen mit einer Größe von 56 bzw. 65 Quadratmetern, in Geschossbauten mit Flachdach gebaut, ergänzt um 49 Reiheneinfamilienhäuser. Und alle haben die berühmte Frankfurter Küche. Das Design: Streng kubistisch mit Fensterbändern und halbrunden Dachvorbauten über den Eingangstüren, in weißer Mauerfarbe, die durch dunkel gestrichene Fensterrahmungen belebt wird. Die Zugänge zu den Grünflächen der Wohnblocks sind torartig überbaut und schützen so die Intimität.

Zickzackhausen … es ist außergewöhnlich, und es ist richtig schön.

REGISTER

IMPRESSUM

Verantwortlich: Claudia Hohdorf
Lektorat: Helga Peterz
Layout und Satz: Silke Schüler
Umschlaggestaltung: Nina Andritzky
Repro: LUDWIG:media
Herstellung: Alexander Knoll

Printed in Italy by Printer Trento

Sind Sie mit diesem Titel zufrieden?
Dann würden wir uns über Ihre Weiterempfehlung freuen.
Erzählen Sie es im Freundeskreis, berichten Sie Ihrem Buchhändler oder bewerten Sie bei Onlinekauf. Und wenn Sie Kritik, Korrekturen, Aktualisierun-
gen haben, freuen wir uns über Ihre Nachricht an Bruckmann Verlag, Postfach
40 02 09, D-80702 München oder per E-Mail an lektorat@verlagshaus.de

Unser komplettes Programm finden Sie unter: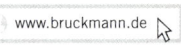

Bildnachweis:
Fotolia/babelsberger (Umschlagvorderseite); Mauritius Images/Signumlux, S. 55;
Picture Alliance: S. 13, 58, 136 (Andreas Arnold/dpa); 30 (Westend61); 51 (dpa); 72,
90 (Fabian Sommer/dpa); Shutterstock: S. 8 (D.serra1); 20 (vichie81); 82 (picarts.de);
99 (Bernd Juergens); 107 (Olaf Holland); 114, 180 (travelview); 129 (Augustin Laza-
roiu); 161 (garmax76); Wikimedia Commons: S. 41 (Karsten Ratzke), 125 (Jonathan
Savoie); 145 (Alf van Beem), 153 (Norbert Miguletz), 171 (gemeinfrei)

Die Deutsche Nationalbibliothek verzeichnet diese Publikation in der Deutschen
Nationalbibliografie; detaillierte bibliografische Daten sind im Internet über http://
dnb.d-nb.de abrufbar.

© 2018 Bruckmann Verlag GmbH, München

ISBN 978-3-7343-1212-0